The Ascent of Mount Fuji

The Ascent
of Mount Fuji

A play by
Chingiz Aitmatov *and*
Kaltai Mukhamedzhanov

Translated by Nicholas Bethell

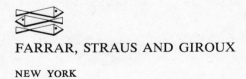

FARRAR, STRAUS AND GIROUX

NEW YORK

Library of Congress Cataloging in Publication Data
Aïtmatov, Chingiz The Ascent of Mount Fuji
Translation of Voskhozhdenie na Fudzhiamu.
1. Mukhamedzhanov, Kaltaï, joint author. II. Title.
PL65.K59A38813   891.7'2'44   75-15525

We gratefully acknowledge the assistance of Helen Segall in preparing this translation.

The Ascent of Mount Fuji

Characters

DOSBERGEN MUSTAFAEV, an agronomist from a Soviet state farm

ALMAGUL, his wife, a geography teacher

MAMBET ABAEV, a history teacher

ANVAR, his wife, a doctor

OSIPBAI TATAEV, also known as **YOSIF TATAEVICH,** a doctor of
science

ISABEK MERGENOV, a writer and journalist

GULZHAN, his wife, an actress

AISHA-APA, an elderly schoolteacher, formerly principal of a boarding
school

FORESTRY WORKER

DRIVER

The Ascent of Mount Fuji *was originally performed at the Sovremennik
Theater in Moscow in the winter of 1973.*
*The first English-language production opened June 4, 1975, at Arena Stage,
Washington, D.C., under the direction of Zelda Fichandler.*

3

Act One

The background shows a distant ridge of snowy mountain peaks. Against this we see a green mountaintop, and nearby the edge of a rocky canyon. Somewhere at the bottom of the canyon flows a small river. It looks as if the way up the mountain begins down there.

It is the height of summer, a Saturday, toward the end of the day.

It seems that people rarely come to this mountain. The vegetation is undisturbed. The mountain is steep and overgrown with shrubs and crooked pine trees. There is no one to be seen . . .

But today the place has come alive. Dosbergen has invited his former school friends and comrades-in-arms from the war to come up to the mountain with him. They are all wearing casual clothes and sensible walking shoes, except Osipbai, or Yosif Tataevich, as he is also called. Even here, true to his character and social position, Yosif Tataevich wears a well-pressed suit and a tie. Around his neck, he has a transistor radio, which now and again he tunes to various stations.

There are no women to be seen. The men are busy putting up a tent.

5

MAMBET

(*Pulling at one corner of the tent*)

Dosbergen, a little to the left. No, Osipbai, not like that . . .
Yosif Tataevich, don't move around, stay where you are.

YOSIF TATAEVICH

(*Adjusting his tie*)

All right, all right, I'm standing still. Only make up your mind.
Either call me Osipbai or Yosif Tataevich, one or the other.

MAMBET

It's not so easy. You used to be Osipbai and all through the
war you were Osipbai, so for me you're still Osipbai. But since
everyone else honors you with the name Yosif Tataevich, I feel
I have to observe . . .

YOSIF TATAEVICH

You mean, my "official title"?

MAMBET

(*Laughing*)

No, it's more than that. It's the "voice of the people."

DOSBERGEN

Figure that out later.

(*To* ISABEK, *who is looking out from behind one corner
of the tent*)

You're pulling it the wrong way. An experienced journalist like
you should know better than that. It's not straight.

ISABEK

Excuse me, but it's not my fault if God deprived you of a good
eye. I'm holding mine straight. You're the one who's crooked.

MAMBET

Oh yes, as far as a good eye is concerned, who are we to say
anything? We can't compete with you!

6

YOSIF TATAEVICH

The rope's too short here. It doesn't reach the peg. What should we do?

DOSBERGEN

We'll lengthen it with the professor's tie.

YOSIF TATAEVICH

Really! That's too much.

MAMBET

Don't get excited, Osi . . . Yosif Tataevich! The main thing is that the peg's firm. We'll find something to tie it on. Now, everyone find a good spot and hammer in the pegs.

ISABEK

That's right. Let's start.

> *(They fuss over the tent. Each waits in turn for the hammer, bangs in his pegs, and then together they stretch the tent to pull it tight. They're almost finished)*

MAMBET

There, you see, we're getting somewhere.

YOSIF TATAEVICH

> *(Puffing and blowing)*

Whew! I never thought it could be such trouble to put up a tent.

DOSBERGEN

It took four of us. It wasn't like that in our parents' day. I remember my mother could put up and take down a whole *yurt** with just a few kids. A *yurt*'s a house compared to a tent like this.

Yurt: nomad's tent of skins or felt stretched over a collapsible framework and used by the Kirghiz in Central Asia.

7

MAMBET

(Examining the tent)

Well, that seems to be it. Everything's in order.

ISABEK

And—most important of all—we managed without the professor's tie.

YOSIF TATAEVICH

Look at that.

(He looks around)

My God, it's beautiful. Yes, it was worth climbing up here. A miracle . . . what heights. It's like flying in a plane.

ISABEK

Yes, we're right at the top here. Why didn't we notice before? It's like a fairy tale.

MAMBET

There were plenty of things we didn't notice before.

DOSBERGEN

Well, the transportation wasn't so good then. It's a whole day's walk from town. But now you get in a car and you're here in an hour. The twentieth century!

YOSIF TATAEVICH

Yes, *dzhigits,** we live in a remarkable age. Dosbergen, what's that village down there in the valley?

DOSBERGEN

That's our state farm. Remember? We drove through it.

YOSIF TATAEVICH

Oh yes. I wonder if they can see us from down there, up here on the mountain.

---

*Dzhigit: name given to skilled horsemen in Central Asia.

8

DOSBERGEN

What do you say, Isabek? It's you who has the good eye.

(ISABEK, *a self-satisfied smile on his face, just shrugs his shoulders*)

MAMBET

(To Yosif Tataevich)

You and Isabek are hardly visible to the eyes of such simple country people.

ISABEK

You've always been a bully, Mambet.

DOSBERGEN

He's right, you know. If I hadn't insisted, neither one of you would have honored the mountain with your presence, even today.

YOSIF TATAEVICH

It's the work, *dzhigits,* it's the work. Who doesn't like to rest and relax among friends, but . . .

ISABEK

We're city people. You've got to understand our position. You see, Dosbergen, you're an agronomist, and you're a school-teacher, Mambet. You live in villages where you have much more time. I envy you. But we're like squirrels on a wheel . . .

MAMBET

That's right. And you turn articles out so fast we don't have time to read them.

YOSIF TATAEVICH

To each his own, *dzhigits.* He who knows how does it.

ISABEK

What can one say to the words of a clever man?

MAMBET

Your win, comrade journalist.

YOSIF TATAEVICH

To call a distinguished writer a journalist is not so . . . At least call him an international journalist. In Moscow, for instance, international figures are treated with great respect. And that's understandable. Out here, count one, two internationals and you've counted them all. And then . . .

DOSBERGEN

(Interrupting)

Hell! I called him just a journalist too. But I didn't mean to be insulting. It was just my ignorance.

ISABEK

Come on, that's enough. I'd never have begun it if Mambet hadn't . . . You'd think he'd have enough with his ancient and medieval history, but he has to judge literature and rib me as well.

MAMBET

(Laughing)

I'm learning from you, right?

YOSIF TATAEVICH

(Changing the station on his radio)

It doesn't matter . . . Let's listen to someone else.

RADIO VOICE

. . . Cloudy weather is expected in other districts, with rain in places.

ISABEK

That's all we need!

(They all look up at the sky)

DOSBERGEN

Don't worry. Why do you think we brought a tent? Anyway, those forecasters don't know what they're talking about.

10

ISABEK

I wouldn't mind if it rained tonight. I like it, lying inside a tent, the rain tapping down. You can dream about distant worlds, forget about everything.

MAMBET

You remember this, Isabek?

> The white of day becomes a torrent.
> Our *yurt,* lashed with blinding rain,
> steams with the scent of sodden wool,
> while horsehair smolders in the fireplace.
> How cozy I was in your *yurt,*
> as I sat in your lap . . .
> O Mother, how can I return to you,
> to your *yurt,* sheltered from the rustling rain,
> to your fairy tales and the sounds of distant rock
> falls . . .

ISABEK

> The *yurt* vanished long ago.
> You too departed long ago.
> Only the rain, here in the mountains,
> will roar just the same.

(They are all silent. They are remembering something. ISABEK *is the first one to break the silence)*

ISABEK

Yes, how many years have passed . . . Twenty-five, even more. It's a shame, damn it.

MAMBET

It was a long time ago. You remember, at school, you attacked that poem in our literary group. Hell, you knew all the right words, even then—"Idealization of housing conditions in our accursed feudal past." We were even frightened.

(They all laugh)

ISABEK

We were little boys. And what a time we had to live through . . . Still, we pulled ourselves out of the ruins. It's better to think about how we made friends with him afterward. We became really close. I always said he was the most talented of us all.

YOSIF TATAEVICH

That's right, *dzhigits,* it's enough to make you believe in fate, isn't it? Who'd have thought it could happen? But of course everything has its cause.

DOSBERGEN

That's enough clever talk for one day. Better start thinking about a way to greet our women. How are we going to honor their ascent of Mount Fuji?

ISABEK

Was it Almagul who gave it that name?

DOSBERGEN

Of course, who else?

ISABEK

Good for her! It must be fine having a wife who's a geographer.

DOSBERGEN

I wouldn't say so. She's given a name to every little hill around here. "Toponimy," as she calls place-naming. She wears the kids out taking them all over the countryside. For a long time I couldn't even pronounce it. It made us laugh. Mount Fuji—it's so difficult. I say to her, "Why not call it something simpler, familiar, something we can understand?" But she says, "Oh no, it has its own meaning. Mount Fuji means 'sacred mountain.' "

YOSIF TATAEVICH

I learned about that last year when I was in Japan. I even saw Mount Fuji. It was a long way off, but I saw it.

12

ISABEK

It's like this, I think. Once in his lifetime every true Buddhist must climb the sacred Mount Fuji to share his thoughts with God about the meaning of human life. As we say these days, he has to "submit a report" to God.

DOSBERGEN

Religion! What will those priest worshippers think up next?

MAMBET

No, you're wrong, it has nothing to do with priest worshipping, or with religion either, for that matter. It's simply that once in his lifetime a man has to be alone with his own conscience, far away from the commotion of everyday life.

ISABEK

People don't climb Mount Fuji to hold conversations with themselves. They go to worship God. God is on high and man crawls up to him like an ant, like a worm. Pitiful and wretched, he begs pardon for his sins and so finds some justification for himself. In this we see man's great tenacity of life.

MAMBET

You have a medieval peasant's idea of God: God on high, man below. But what if we call God a form of communication for man with himself and with his conscience? Perhaps it is this—that man is unable to forgive himself everything—that's his tenacity . . .

ISABEK

No, I don't agree. Idealists have stated that . . .

YOSIF TATAEVICH

Come on, that's enough. You've started a strange conversation. Are you suggesting we're all supposed to believe in God? I'm sorry, but we're all atheists.

DOSBERGEN

Wait. You remember when we were in the war, on the front?

Who was the first one to start talking about God? Sabur. You remember that poem of his, there at the Vistula? And before that, at school, there was this marching song. We all sang it, including Sabur. How did it go?

God in Heaven, full of grace,
I spit into your ugly face.

I've forgotten how it goes on. Something like "We'll send you packing in disgrace."

MAMBET

Childish nonsense.

ISABEK

Can you imagine? A very famous poet wrote that. The old man's still alive.

DOSBERGEN

I was thinking about something else—Sabur's poem at the Vistula. The one about God. I couldn't understand it all, but I think he managed to catch something. Do you remember, Mambet? The idea was . . .

MAMBET

I may not have it quite right, but the sense of it was "Your God is your conscience, on which people can rely, on which the whole world counts . . ." Something like that.

ISABEK

I've got it written down somewhere. Anyway, what's the point of talking about it now? He's a lost, ruined talent. It's quite absurd.

(Everyone falls into silent thought)

YOSIF TATAEVICH

(Quietly, with a gentleness unusual in him)
I liked his love poems most of all, his songs.

14

(A pause, then he adds harshly, just as if he had caught himself doing something wrong)
It was his own fault.

(An uncomfortable silence. At this point we begin to hear the voices of women approaching)

DOSBERGEN
Aha! the *khanums!** Let's go down and meet them.
(Everyone moves in the direction of the women's voices)
There they are.

(ALMAGUL, ANVAR, and GULZHAN are carrying bags full of food and drink. Their driver is carrying a samovar. The men rush to help them)

GULZHAN
(In a playful but obvious tone of reproach)
Shame on you! You might have met us at the bottom of the hill.

ISABEK
I'm sorry, darling, we were busy putting up the tent. Welcome to Mount Fuji, lovely señoritas, or rather, *khanums*. Welcome to the royal marquee.

DOSBERGEN
(Leads the driver away to one side and takes the samovar from him)
Take the car back now. Aisha-Apa should be arriving at our house soon. Bring her here, then take her back, and, after that, you're free. Understand? We'll stay here overnight, at least until morning and maybe tomorrow as well. Is that clear?

(The driver nods his head and leaves. Still holding on to the samovar, DOSBERGEN bows to the women and gestures toward the tent)
Most honored ladies, I am happy to inform you that your task

---

*Khanums: Kirghiz word for ladies.

has been fulfilled honorably and on schedule. The marquee is prepared, and, as you all know, a night in a tent is paradise—even with your own husband.

YOSIF TATAEVICH

Good for you, good for you. I had no idea you were such a master of fine words.

ANVAR

Oh yes, there's been plenty of talk. But what have they done? One tent, that's all. I can imagine what would have happened if they'd really had something to do.

MAMBET

Don't criticize, Anvar. That's a custom on Mount Fuji.

ISABEK

That's right, Anvar-*khanum*. Your husband criticizes enough for two.

GULZHAN

   (Admiring the view)
It's wonderful. Astounding. You can see such a long way.

> Over the blue sea Mount Fuji rises,
> like a step into the world of heaven's purity.
> Above the earth, toward the snowy summit,
> live holy men with upturned faces.

Who wrote that?

ALMAGUL

Some Japanese poet.

GULZHAN

You're right, Almagul. It's probably the way it should be on the summit of Mount Fuji—superb . . .

ISABEK

   (Grinning)
And did you know that on Mount Fuji you're expected to open

16

the innermost secrets of your soul? That's why it's Mount Fuji.

GULZHAN

I'm ready to make my confession before God any time you like. But I think the men should go first. Isn't that right?

ALMAGUL

Of course. We'd like to know what our husbands are worth.

ANVAR

They're not worth anything. They're like bags with holes in them.

DOSBERGEN

Don't jump to conclusions, Anvar, just you wait and see. But Gulzhan's confession's the most important one. We want to know how many *dzhigits* were pining for her before she married Isabek.

GULZHAN

That's no problem. I can name the ones who pine for me even now.

ALMAGUL

That's right, Gulzhan, you teach them.

ISABEK

We've had our lesson from Mambet, on a very intellectual subject. Now we're ready for a really difficult test.

ANVAR

You spend your whole life, right up to old age, teaching nasty brats in schools, until you get into the habit of constantly teaching, constantly nagging, like a dervish or an ascetic. I hope you understand the tragedy of it . . .

YOSIF TATAEVICH

My dear Mambet, what's all this? What's the matter with your Anvar today?

MAMBET

It's nothing. It's just that no one should work too long as a teacher.

DOSBERGEN

(Interrupts them and addresses everyone loudly)

My friends, when I am on Mount Fuji I have nothing to hide, either from God or from you. "Existence determines consciousness"—that's my philosophy. So, first let's have a snack and drink to the glory of Allah and then we'll discuss matters of great depth. While the women are preparing the kebabs, let's go down to the stream and wash our hands.

YOSIF TATAEVICH

At last! It's long been noted that fresh air and the beauties of nature will lead to a healthy appetite. Let's go.

(The men depart)

GULZHAN

(Ironically, as they leave)

My God, where did they get such wisdom!

ANVAR

They strut about like cocks and show their feathers, especially when they're with women. Gulzhan darling, that's enough. Here, just give these plates a wipe. After all, you're our celebrity.

GULZHAN

Failure, you mean. Not one single aim achieved, not one single dream come true. Life is trickling away through my fingers . . .

(Laughs)

Wait, whose words are these?

ALMAGUL

What's the matter with you all of a sudden?

18

GULZHAN

It's so . . .

ANVAR

Husband a writer, wife an actress, what more do you want?

GULZHAN

What's a husband got to do with it? In art everyone answers for himself.

ALMAGUL

You mean that those outside art don't answer for themselves?

GULZHAN

No, Alma, that's not what I meant. I have my own sort of grief. I used to have these dreams—Desdemona, Mary Stuart, Cleopatra. These are the parts I'd have given my life for, because they're the height of great tragedy. Mankind gazes into the distances of the past to try and understand the present. I want to play tragedy. I want to climb up to these heights, but the theater doesn't care. So I just tread the boards in a lot of modern plays. But what sort of modern plays? They're ridiculous! And the years are flying by. I'm thirty-eight and still playing parts that have nothing to do with art. And everyone pretends that's the way it must be. You can understand what I mean. When I think about it, I feel terrible.

ALMAGUL

No, you're exaggerating. Whatever you say, people write about you, they know you, Gulzhan, they love you. You're an "honored artist of the republic." I understand that you're not satisfied with what you've done, but why make it sound so hopeless?

GULZHAN

You see, even you with your clear head can't understand me. So they write about me. So what? And where is it, my great part? Am I really going to have to leave the stage like a barren flower?

ANVAR

I can't see why you complain. Suppose you were a local doctor, like I am, with the same old routine every damn day—"Open your mouth," "let me see your tongue," "breathe in," "breathe out," and suppose your husband was a local schoolteacher . . .

GULZHAN

Darling Anvar, we're talking about two different things, completely different things. You see, you're doing the job you really should be doing. Isn't that right? And I want to do the job I really should do. I'm talking about my dream, which is the meaning of my life.

ANVAR

"O dreams, o dreams, where is your sweetness . . . ?"

(The men return)

ALMAGUL

(To ISABEK*)*

Listen to me, comrade writer, how can you accept your wife's sufferings so calmly? When are you going to write something worthy of her dream?

ISABEK

No man's a prophet in his native land. Haven't I written dozens of . . .

GULZHAN

The things you write are . . .

ISABEK

Go on, all right, the things I write are what the times command.

GULZHAN

No matter who commands you, you'll never rise above a pamphleteer.

ISABEK

It's true I'm not a classical author, but in her mind no one is.

20

YOSIF TATAEVICH

Who should I believe? Your wife or the critics?

GULZHAN

Believe yourself first of all.

MAMBET

(In admiration)

Well done, Gulzhan! Now be merciful.

ISABEK

Mercy is far more in your line.

DOSBERGEN

Comrades! Comrades! Before the battle spreads, can I suggest a little supper. I invite you to the table, so to speak. Take your places, please.

ISABEK

(Much relieved)

Ah yes! That's much better.

(They all sit down around the sides of a tablecloth laid on top of a Turkish rug)

ALMAGUL

Don't be too critical about the food. It's not like at home, although I've brought my own samovar.

GULZHAN

You should be ashamed of yourself!

ALMAGUL

It's so beautiful here. Nothing could be better.

ISABEK

I heartily agree. Today we are on a mountain of poetry. It would have been criminal to come all the way out into the country to sit inside a house.

DOSBERGEN

Now, to complete our happiness, we need a master of ceremonies, and to confirm the emancipation of Eastern womanhood, I propose as master of ceremonies—Gulzhan. Unless you object . . .

GULZHAN

No, I don't think I should . . . We have our hostess—Almagul. What does she say?

ALMAGUL

Oh no, you'd be much better.

YOSIF TATAEVICH

It's a great responsibility to be a master of ceremonies.

GULZHAN

All right, you take it.

YOSIF TATAEVICH

Come on, be nice to us. You give the orders. I'll keep quiet.

GULZHAN

Very well, I'll take the part.

ISABEK

And what if you should find it's that one part you've always longed for?

GULZHAN

(*Ironically*)

No matter what you say, my precious husband, I'll never admit that you're a genius.

ISABEK

As long as the people recognize it, that's enough for me.

GULZHAN

Fools can always be found.

ISABEK

Nothing you do will surprise us. We're all so used to you.

DOSBERGEN

Give me your attention, please. The master of ceremonies will now take over.

GULZHAN

How shall I begin? Everyone fill your glasses.

(They all fill their glasses and take a little something to eat)

EVERYONE

— Dry wine for me.
— This isn't bad either.
— It's delicious.
— Wine or vodka.

(An automobile horn is heard from the foot of the mountain)

DOSBERGEN

Now, what's that? I said we weren't to be disturbed. Not even by so much as a fly . . .

ISABEK

Dosbergen, you talk as if the mountain were under your personal control.

DOSBERGEN

(Jokingly)

The land belongs to the state farm, but the mountain's mine, or rather, my wife's. It's her geographical discovery. But who on earth can it be? What can they want?

(Gets up, waves his hand in the direction of the sound, and shouts down the hill)

Hey! What do you want? Trespassing is forbidden here.

(A gray-haired, elderly woman, accompanied by the driver, comes toward them. It is AISHA-APA*)*

Aisha-Apa, I'm sorry, I didn't recognize you. Hurrah, hurrah. Aisha-Apa's come.

(They all get up and go to meet AISHA-APA*)*

AISHA-APA

(Getting her breath with difficulty)

My dears, hello! Whew, I'm out of breath. I'm not as young as I used to be. I got scared, I thought I'd come the wrong way.

DOSBERGEN

No, I was the stupid one. I'm sorry, Aisha-Apa.

(To the driver)

Thank you very much.

(The driver leaves)

ISABEK

I can't believe my eyes . . . How wonderful that you could come, Aisha-Apa.

AISHA-APA

My children, I'd have come to the end of the earth to see you. It's been so long. We haven't been together for ages. So many years . . . I had to come.

YOSIF TATAEVICH

Come and sit here, in the place of honor. That's it. Sit down. It's so good to see you, Aisha-Apa.

AISHA-APA

Thank you, Osipbai. You haven't changed a bit.

ISABEK

Aisha-Apa, let me introduce you. This lovely woman is Gulzhan. She's your daughter-in-law whenever you're in my house. You know the others.

24

AISHA-APA

Gulzhan, my dear, I wish you happiness. Although we've never met, I feel that I know you. Who doesn't know you from television?

GULZHAN

I've heard so much about you, Aisha-Apa. Thank you for coming.

AISHA-APA

When Almagul telephoned and said that you were all going to meet on top of this mountain, I was so happy.

DOSBERGEN

It was my idea too!

AISHA-APA

I'm sure it was, Dosbergen, my dear. You even sent your car to meet me at the bus stop. I came from town by bus, you know. It was packed with people, so many people leaving for the weekend. But, thank God, I arrived.

MAMBET

So now our cups are filled, in both senses.

YOSIF TATAEVICH

Comrade master of ceremonies, may I speak?

GULZHAN

I recognize Comrade Tataev.

ISABEK

(*Quietly*)

You should state his rank and position.

GULZHAN

Really? I recognize Director of the Institute, Doctor of Sciences . . .

(*Quietly to* ISABEK)

Doctor of which sciences?

ISABEK

(*Quietly*)

Historical. Is it so hard to remember?

GULZHAN

Imagine, there are so many sciences these days, and so many scientists . . .

DOSBERGEN

But Osipbai's not like them. He'll soon be an associate member of the academy.

YOSIF TATAEVICH

Oh, stop it! When Aisha-Apa is around, I'm just plain Osipbai. Just call me Osipbai.

MAMBET

You're a difficult man to understand. First you want it one way, then the other . . .

YOSIF TATAEVICH

Forget it. This is what I want to say . . . This meeting of ours today, comrades, is truly a special occasion. The twentieth anniversary of Victory Day was the first time I called you all together. That's when it began. Only I couldn't find you, Aisha-Apa, you were away. This time I am the guest of Dosbergen and Almagul, and this is the first chance I have to thank you for all the good things you did for us while we were at school. Now you're an honored teacher of the republic, and we too are doing important things . . .

DOSBERGEN

What does your important work have to do with it? Talk about something else, Osipbai.

YOSIF TATAEVICH

If this were an academic council, I'd have you thrown out for that.

26

(They all laugh)

MAMBET

Luckily we're not at an academic council, but on Mount Fuji. Forgive me, Osipbai, I too am sitting here remembering the past, when we were in the sixth grade, when our Aisha-Apa suddenly went off and married our history teacher, Erdei Khasanovich. We were so jealous! It was terrible. For instance, you know what I did? I stopped attending her husband's lessons and I was punished for it. We didn't understand then that there could be love between a woman and a man. And so we saw your love as a betrayal.

GULZHAN

Is your husband alive?

AISHA-APA

No, he was killed at Stalingrad.

YOSIF TATAEVICH

He was a wonderful man.

AISHA-APA

It's all in the past. But he really used to suffer when the children were unkind to him. He used to say, "Tell them they don't have to avoid me. I'm not trying to take you away from them, really I'm not."

ISABEK

There was good reason for us to be jealous. Aisha-Apa was the dream girl for many *dzhigits*.

MAMBET

It's just as they used to say: "A fox's misfortune is his redness, a girl's her beauty."

YOSIF TATAEVICH

So, Aisha-Apa, let's drink to you, our teacher, our teacher with the heart of a mother. Your health!

AISHA-APA

Thank you, my dears.

ISABEK

I saw your son. I hardly recognized him—such a handsome, upstanding young man.

AISHA-APA

Like his father?

ISABEK

The very image.

AISHA-APA

He has a family now and they live in Karaganda. I've got two grandsons. I'm always telling my daughter-in-law, "You're young and clever, have more children, I'll help you bring them up." We didn't have any other children. It was the war. When my husband went off to the front, he regretted so much that we had only one son. "Take great care of him," he said. "Otherwise our link with the earth will be broken, life will lose its meaning." And then he also said, "If you live to see your grandchildren, consider yourself happy, regret nothing." He kept telling me to keep his books for our son. "I've nothing else to leave him," he said. It was as if he knew he wasn't coming back.

(*They continue drinking in silence*)

I've had everything in life—love, a family. But it didn't last long. It was my fate, I suppose . . . It makes me so happy to look at you young people. It means I haven't wasted my life.

GULZHAN

(*To her husband*)

Oh, you writers, you just waste your time with literature. Travel notes from Ceylon, Nepal, Ethiopia, and other places—you can get all that out of a guide book. And these are your creative works!

ISABEK

What are you trying to say?

GULZHAN

Where are your books that make the heart shudder? Where are the books which describe our fates that unfold like the ocean in a storm? "We're no Shakespeares"—I know you and your stillborn excuses. Where is the word that breathes on the page, like a beast running through the forest?

ISABEK

Stop play-acting. You're not on stage.

GULZHAN

It's you who should stop playing, playing with literature. One day I'll get my big part. Just give me my real part and I'll die on the boards. But what about you? Could you give your life for your work?

ISABEK

I already gave my life, and maybe it was for you. Don't you dare speak to me that way.

ALMAGUL

Gulzhan, what's the matter?

GULZHAN

I'm talking about art. There's no need to twist my meaning.

MAMBET

I agree with Gulzhan.

ISABEK

You would. It's easy to criticize . . .

MAMBET

It has nothing to do with criticizing. We have to be sure that the years we've lived through will become a part of great literature, and that people will read it as the experience of a generation. How did we live? Should people live like that after us? Literature and only literature can answer . . .

ANVAR

Merciful God! Still teaching, still directing.

ISABEK

Thank you for your kind words about literature. I'm only afraid that literature is not up to the task. There are more powerful historical forces which decide our destinies. But what is literature? What can it do?

MAMBET

We're no longer young, Isabek. And I just don't want to stand before the future with the sort of literature that can't do anything. You see, we've lived through great times. I don't want Aisha-Apa, for instance, to be forgotten or turned into some sugary image. That's what it's all about. Descendants should know how to value things, as well as how to judge them.

GULZHAN

Now that's the sort of thing I understand—man-to-man conversation. That's how it should be on Mount Fuji—telling only the truth before oneself, before God—let's imagine for the moment that he exists. Make a confession. It will be interesting for Aisha-Apa too. We'll begin with you, Yosif Tataevich.

YOSIF TATAEVICH

I told you, it's Osipbai.

GULZHAN

I'm sorry. We'll begin with you, Osipbai. You're the one with the most important position.

YOSIF TATAEVICH

But this has nothing to do with that . . . I've already said my piece. That's why . . .

ALMAGUL

Give us the whole story. There's something else Aisha-Apa wants to hear.

YOSIF TATAEVICH

All right, I can't object . . . So, Aisha-Apa, you saw us off to the front, and then so many years went by, a whole lifetime. First of all, we went to artillery school, then we fought, then we came back.

ANVAR

Not enough detail. And you're not telling it the right way, Osipbai. Everyone has to talk about himself, about what happened to him, isn't that right?

AISHA-APA

That's it, that's it, that's just what I want. That's the song I want to hear. How you live, what makes you happy. I want to know everything about you.

YOSIF TATAEVICH

(*Adjusting his tie*)

Well, personally, I . . .

MAMBET

Having trouble?

YOSIF TATAEVICH

But, as I understand it, the master of ceremonies should start off. She's the one who should set the tone.

ISABEK

Why don't I start?

(*Everyone shouts in chorus, "We want the master! We want the master!"*)

GULZHAN

I see. Well, if that's the way you want it, I won't hold things up . . . All right, I'll start.

(*Turning to* AISHA-APA)

This is where you learn the truth about your daughters-in-law.

AISHA-APA

Speak, my dear, go on . . .

GULZHAN

So, I am an actress. Everyone knows me now. But during the war, in 1944, I was a young girl working in a clothing factory. And there I committed my first theft.

ISABEK

(*Indignantly*)

That's nonsense! Talk about something else!

GULZHAN

Don't interrupt! And stop being ashamed of me . . . There is no decency higher than the truth. When you tell me the parts I play are like watery rabbit soup, I don't say a word. You know why? Because what you write is watery truth. I'm forced to play false parts and now I'm telling the truth about myself. I have a perfect right to.

AISHA-APA

Don't be ashamed, my dear. We're all friends.

GULZHAN

I didn't steal for myself, to make my own life better. My mother was ill and my brothers were very little. We were living on our bread ration. Then one day news came that my father was killed. The neighbors were coming to express their sympathy, and the custom was to give them something, even a bowl of soup, in memory of the man who died. But my mother could hardly walk. So one day in the factory I put two of their military shirts on and walked out wearing them. I sold them in the bazaar and bought bread, potatoes, and a little flour. Then I invited the neighbors and gave them a funeral supper in memory of my father . . . But when I think about it now, I feel so ashamed, I feel so awful, it weighs so heavily on my heart . . . If there is a God of righteousness on Mount Fuji, let him forgive me for what I did.

ISABEK

(*Angrily*)

Come on, come on! Any more sins on your conscience?

GULZHAN

There's something else . . . My career began when I joined the theater group in our factory; then after the war I got a place at a drama school. And that's when I met this character here.

ISABEK

Not bad! Any other woman with such a "character" for a husband would bow down and thank God three times a day.

GULZHAN

Well, I wouldn't lift a finger.

DOSBERGEN

Comrades, friends! Don't forget that you're not alone here!

GULZHAN

I'm sorry, Dosbergen, but it's too late to retreat now . . . It was a youthful, impetuous time. In short, I got married. He graduated from college and became a journalist and I went on the stage. And that's when I committed my second act of theft, my truly great sin. As long as I live I'll never forgive myself, and I'd never dare ask God for pardon. Isabek was the one who talked me into it—"We're young now, we must live for ourselves a bit, we'll have plenty of time" . . . and I was such a fool, I listened to him even on that foul day . . . and ever since then . . .

ISABEK

You've had too much to drink!

GULZHAN

Yes, I have. Too much of my own poison and it's burning my blood . . . Aisha-Apa, you're a mother, and a real mother. Tell me, how can I play the part of a mother who lost her sons in the war? You see, even she is happier than I am. At least she had them before she lost them, while I stole them from myself. And for what? . . . Forgive me, for God's sake, forgive me . . .

    (*She runs away crying*)

ISABEK

(*Dismayed*)

I'm sorry, she gets like this sometimes . . . hysteria . . . You carry on, don't pay any attention. I'll go . . . I'll go and bring her back.

(*He leaves*)

AISHA-APA

(*Very distressed*)

Oh, my God, it's all my fault, I've spoiled everything for you.

MAMBET

What are you saying? It has nothing to do with you. Don't get upset, Aisha-Apa. It's just Gulzhan's nature. She suffers, and tells the truth; then she tells the truth again, and again she suffers.

AISHA-APA

Yes, I suppose so.

YOSIF TATAEVICH

It's not for nothing that they say, "Every head has its own misfortune." Of course, it's difficult without children, but then even with children it's not so easy.

DOSBERGEN

You're right. Teenagers are all right, but as they get older, it's hard. They know everything and understand everything. You can't say a word to them. "Stop lecturing us," they say. They're fed up with us, you see.

ALMAGUL

Have you ever wondered why it happens? Maybe you just don't interest them, right? What can you get out of them? What can you give them? Do you have anything of interest to them?

DOSBERGEN

What a thing to say! You'll soon be saying, "Give me 'mutual enrichment with information' between husband and wife."

34

ALMAGUL

Certainly. Husband and wife need it even more.

YOSIF TATAEVICH

I'm sorry, I still think love is the essential ingredient.

ALMAGUL

Yes. Love, or, as my husband expressed it, "mutual enrichment with information."

DOSBERGEN

It's strange . . . What about you and me? I can hardly enrich you with information. I'm a simple agronomist.

ALMAGUL

Someday I'll tell you how. I'm just a simple teacher.

DOSBERGEN

You see, Aisha-Apa, modern women! Yes, in that way things were better under feudalism. A husband was honored and indulged.

ANVAR

Stop it, Dosbergen, you won't get our sympathy. We respect you as much as you deserve.

MAMBET

And how do we determine how much respect we deserve? Is there some sort of scale?

ANVAR

Yes, there is.

DOSBERGEN

It's hard to be a husband in the age of the scientific and technological revolution.

MAMBET

And even harder to be yourself.

ALMAGUL

I can agree with that.

YOSIF TATAEVICH

What do you mean—"be yourself"? Why are you and Mambet complicating things?

ALMAGUL

We're not. In the age of total standardization, that's the real problem. No wonder sociologists struggle with it.

YOSIF TATAEVICH

So what's that got to do with you? Let them struggle. Individualists are always making trouble. What's to be will be. You can't change the force of history. Things just turn out the way they must, no matter what you say.

MAMBET

But even then a man should at least try to understand the historical process.

ANVAR

That's all you're good for, understanding historical processes. What's the use? History will move on, and you'll be left behind, looking after your own interests and your own school.

DOSBERGEN

My word of honor, Aisha-Apa, in a minute I'll chase them off Mount Fuji.

(*To the others*)

What's the matter with you? Did you come here to debate and be clever? And Aisha-Apa and I have to listen to your unintelligible speeches? To hell with it!

AISHA-APA

Leave them alone, Dosbergen. It's interesting.

DOSBERGEN

No, that's not good enough. I'm the host here and they're my guests. Guests are supposed to eat, drink, and enjoy themselves. And what happens? One couple has a quarrel and runs away. And the rest get mixed up in a scientific-sociological argument while I, a poor miserable chief agronomist who enriches no one with information, am totally forgotten. I'm not going to put up with it! I'm going to bring back the fugitives.

(*He leaves*)

AISHA-APA

Oh, children, children, I can't get used to the idea that you've all changed. Yes, it's so difficult to keep up with time.

(*Pause*)

ANVAR

Comrade director . . . Osipbai, my dear, let's go for a walk and talk a little. When you're in your office, it's so difficult to get an appointment.

YOSIF TATAEVICH

What do you mean? Anyone and everyone who wants can come and see me. And for you, Anvar, I'm ready to open the door myself. Only you'll never come. Let's go.

ANVAR

Mambet, no doubt you'll tell Maksuda when she gets back from Moscow how we took off together in broad daylight—by ourselves.

(MAMBET *laughs and nods his head.* YOSIF TATAEVICH *and* ANVAR *walk off together*)

Listen, Osipbai, couldn't you do something for Mambet? You see, I want to move to the city. Years go by so quickly . . . sometimes I see you on television, when they're showing the Presidium in session, and I feel so sad, as if my whole life were flashed across the screen. It's like some distant illusion, fascinating but unattainable.

(*Pause*)

Do you remember that evening? You were already with your Maksuda, and I'd just graduated and was leaving for a new job out of town. That's where I met Mambet. If only you'd told me then . . . but it's too late to talk about all that.

YOSIF TATAEVICH

(*Showing off a bit*)

Yes, Anvar, I know what you mean. We've all been arranged in our corners like furniture. Why does it happen? Life is one big disappointment. But what can you do? It's fate, Anvar . . .

ANVAR

Yes, of course I understand, you and she . . . but that's not what I was talking about. We must do something to persuade Mambet to give up his silly, obstinate ideas. You know, he's a very able man.

YOSIF TATAEVICH

You're right. Anyone else who's done what he has would be sitting in the Academy by now. But there's one thing that you must understand—he has no ambition. Let's suppose I could arrange for Mambet to get transferred to the city, at least as head of a department in some school . . . But don't count on him to climb up. You know what he is yourself—he's just a simple schoolteacher. But so cocksure, so independent, he has his own view on every single subject. Luckily we were at school together, and in general I understand what's what. But, you know, anyone else in my position wouldn't even bother to talk to him.

ANVAR

What can I do? He'll never change. He's like the unfortunate Don Quixote. But the problem is not just him. You see . . . I'll tell you. Why not? After all, we're good friends, no matter what. We must move, leave that school, leave the area. I think there's something going on between Mambet and Almagul. I can feel it.

(*She is crying*)

38

YOSIF TATAEVICH

Oh no, it can't be! It's not possible! You're such a beautiful woman . . . He couldn't . . . Are you sure? You're so beautiful. How could it happen?

ANVAR

I don't know. But you remember what Almagul just said about mutual enrichment? That was no coincidence. That's one of his theories.

YOSIF TATAEVICH

Does Dosbergen suspect anything?

ANVAR

No, they haven't given him any reason to yet. It's just a feeling I have. But, for God's sake, I'm only telling this to you—not a word, not a hint to anyone else. Promise me!

YOSIF TATAEVICH

My heart will still the lion's roar and choke the fox's bark. That's the oath our epic heroes used to swear.

AISHA-APA

   (*Interrupting their conversation*)
Osipbai, my dear, forgive my asking, but why isn't your wife here?

YOSIF TATAEVICH

I forgot to tell you that Maksuda's in Moscow now. Your daughter-in-law's a chemist and she's gone to discuss her thesis. We've got two children. The older one is in his third year at college. My daughter's still in the eleventh grade. No, I can't complain about my fate.

AISHA-APA

That's so nice to hear . . .

YOSIF TATAEVICH

For the moment, I'm a department director in our institute. It's quite an interesting and responsible job. And I've already been interviewed, so there may be some changes in my career. I don't want to fall out of step with life. I've even gotten my doctorate . . .

> (GULZHAN, ISABEK, *and* DOSBERGEN *reappear*)

ISABEK

A wise man once said, "When husband and wife quarrel, it adds cement to their love." He was certainly right! Please forgive us.

GULZHAN

> (*Looking very businesslike and relaxed*)

Don't pay too much attention to that. Our love gets recemented very frequently these days.

ANVAR

Oh, we'd forgotten long ago what it was about. Why bother with such conversations . . .

GULZHAN

Yes, it's better to continue our confessions on Mount Fuji . . . And so, whose turn is it?

YOSIF TATAEVICH

Isn't it enough to enjoy ourselves? Why must we have this game?

GULZHAN

Oh, I see! You let me bare my soul before you, and then you fine, pure people wash your hands of it. You're wrong, it wasn't a game for me at all, and no one has the right to get out of it now, because we made an agreement . . . We're listening, Comrade Osipbai, Comrade Yosif Tataevich, it's your turn to speak!

YOSIF TATAEVICH

What is this, an interrogation?

GULZHAN

We're waiting.
(Quietly)
Respect your comrades.

AISHA-APA

Don't tease him like that! Osipbai, my dear, you were talking so well about yourself. Tell us more.

YOSIF TATAEVICH

All right, I'll only do it for you, Aisha-Apa. So, I am a doctor of science. I was talking about my family and my work . . . So you see, Aisha-Apa, I've gotten my doctorate and I work in the institute, as I told you. My wife is working on her thesis and I'm thinking of publishing a new work. You know, publishing doesn't hurt a scientist.

ANVAR

That's right, it doesn't hurt. I've told Mambet so many times, "Look at those other people. Are they cleverer than you? Look at all our friends who've gotten their doctorates. Look what it's done for them. Not bad—they live very well. Why don't you do the same?" But no, not a hope. "I'm not going to knock myself out on makeshift projects," he says. But that's not the point if you just choose the right subject for a thesis.

YOSIF TATAEVICH

Of course, it's vital to choose an up-to-date subject. But the main thing is to collect material—and not to make mistakes.

MAMBET

You shouldn't have started this conversation, Anvar.

ANVAR

All right then, teach! Go on teaching other people's children in overcrowded classrooms until you drop dead. Ruin your nerves, stay a complete nobody, I don't give a damn! It's too late now. I've made my mistake in life and that's the end of it.

ALMAGUL

I think Mambet is right.

ANVAR

I'm sure you do. You two have been humming the same tune for years.

ALMAGUL

To each his own. Mambet teaches children in overcrowded classrooms and Osipbai writes a dissertation called "Assimilating Workers' Children of Various Nationalities in the Southern Area of the Republic." Why "southern," by the way? Don't they use the same methods of education in the northern area?

YOSIF TATAEVICH
(*Excitedly*)
Why another method? The southern area was where I did my research.

ALMAGUL

What research? I read the dissertation. It's a collection of lists —instructions issued by the authorities, summaries of newspaper articles, statistics on mixed marriages. That's all there is to it. And it's supposed to be a contribution to the study of assimilation. What else?

DOSBERGEN
(*To his wife*)
Wait a minute, wait! You're not seriously going to argue! Osipbai did get his degree, you know . . . You have to understand . . . I mean, he's not the only one . . . What on earth induced you . . . ? Stop it . . .

YOSIF TATAEVICH

It's nothing like that. I absolutely object. You stop it . . . I summarized an important section of the research in a particular subject. Assimilation is one of the main principles involved in the building of Communism.

MAMBET

Undoubtedly. In the same way, there's no doubt that two plus two equals four. But where is your contribution to science?

YOSIF TATAEVICH

I help other people to understand the subject. Anyway, who are you to judge? What do you know about it?

MAMBET

Plenty. You see, I wear my nerves out in these overcrowded classrooms, just as they were saying. I teach history, and I try my best to make the history of mankind a lesson in real life, not just dates and facts about who fought what wars. I want my pupils to understand what price human society paid to realize that friendship between people of different nationalities was necessary and that it was the only way in which free and equal people could live together.

YOSIF TATAEVICH

Come on, we're not in a classroom now. We know that too. It's in the textbooks.

MAMBET

If I conducted my classes the way you think I do, then I wouldn't be worth a damn. It's not so simple to be a school-teacher. Every job has its higher mathematics, and I'm bold enough to believe I've mastered mine. Incidentally, it would be good if other people mastered the higher mathematics and didn't try to present multiplication tables as a science, or even as an art.

ANVAR

Oh, stop it! You don't know how to live your own life, so stop advising others.

MAMBET

Well, you know . . .

YOSIF TATAEVICH

And where were you before, I'd like to know. I sent copies of my work to every one of my friends and acquaintances. No one raised any objections. Why were you so silent then? In science there are no friends. Why didn't you come forward and say what you thought to the degree committee? And now . . . Don't you see . . . you . . .

MAMBET

Shut up!

(*Pause*)

I agree, I was wrong. And if that was the only time, it wouldn't be so bad. But we make the same mistake so many times, keeping quiet when we should speak out. Look at us, for instance, all of us here . . .

ISABEK

(*Hurriedly*)

But why are you so serious, Mambet? You have a habit of exaggerating. My God, why do you get so excited about everything? Stop and think for a minute. Life goes on, and we follow where fate leads us. Why spoil the mood for yourself and your friends? It's such a strange thing to talk about—a dissertation! There are degree committees to deal with that sort of thing—competent people. Let them decide. Why should we worry . . . ?

MAMBET

But I don't think there's any harm in frank talk among old friends.

ISABEK

All right, it's finished. It's my turn now.

DOSBERGEN

Hell! You intellectuals! We've had enough of your intellectual arguments. Listen to me for once. I'm a creator of material wealth, and without me you're empty, you're nothing. Don't

44

look at me like that! Dear Aisha-Apa, you know I'm joking. But it was such a silly argument. Don't be upset by it. We'll always be friends and you'll always be our favorite teacher. So, Aisha-Apa, I'll tell you about myself. I'm a senior agronomist. My Communism starts in my own home, with my children, my family. They're healthy, they have enough to eat, they have clothes and shoes—which means that everything's all right. That is, so long as there's no war. I don't cheat anyone, I don't fix the books, I'm not a thief. I live by my work and I'm proud of it.

AISHA-APA

That's remarkable! What can be better than to be proud of your work?

DOSBERGEN

I don't live badly either. I have my own house, furniture, carpets, my own car. Sometimes Almagul and I argue. She thinks I'm too materialistic. Well, why not? An agronomist's house has to be ready to receive guests, delegations from abroad. Our farm is a showpiece. We don't want people to think we're poor and backward. So it's just—a question of politics.

ALMAGUL

That's right, and as a result of these politics our house is like a furniture shop.

ANVAR

Well done, Dosbergen, you're a real man. Let's drink to men like Dosbergen, to the masters of life.

GULZHAN

I like Dosbergen's frankness. There was no hesitation, no caution, when he was talking about himself. He didn't try to hide anything.

DOSBERGEN

What have I got to hide?

AISHA-APA

(*Thoughtfully*)
Yes, and life goes by and people change and you don't recognize . . . I remember at school that, of all Sabur's friends, Dosbergen was the clumsiest and most awkward.

DOSBERGEN

That's not so surprising, Aisha-Apa. Life teaches you everything. The clumsiest animal in the world is a bear, but put him in a circus and he'll dance all day for a lump of sugar.

(*They all laugh*)

ISABEK

Ha, ha, ha, what imagery. Brilliant!

(AISHA-APA *looks at* DOSBERGEN *in confusion*)

DOSBERGEN

Aisha-Apa, of course I was joking. A bear is a bear and I'm me. Let such great thinkers as Isabek make fun of simple fellows like Dosbergen. Nevertheless, they don't understand me, they underestimate me.

MAMBET

It's no simple matter understanding a simple fellow like Dosbergen. He's not so simple.

AISHA-APA

It's a real pleasure to look at you, my dears. Here you are arguing and joking among yourselves. And it's interesting for me. You see, my whole life, my whole fate, has been woven into yours. I remember the first day I joined your school, just after I'd finished training college. I wasn't even eighteen. It was a boarding school, the only one in town for children from the villages. And I remember these four were in the second grade. All sorts of things used to happen. When I think . . .

GULZHAN

Yes, yes, yes, tell us about it. They pretend they were such little angels.

AISHA-APA

Well, they weren't angels, but they were wonderful boys. When the war began, I became principal. Oh, and did I suffer. Suddenly in 1942, at the worst possible point in the war, the five of them came to me. "We want to join up," they said. I put my head in my hands. I said, "What are you talking about! You're only seventeen, you haven't finished school yet." But they insisted. They'd made up their minds. It turned out that they'd already been to the recruiting office.

ISABEK

Aisha-Apa, give us more details. Be convincing. You see, Gulzhan still doesn't believe that it all happened that way. And yet I was the first one to come, I was the one who took the initiative. Do you remember, Aisha-Apa?

AISHA-APA

Unless I'm mistaken, the first one to come and see me was Sabur.

GULZHAN

    (*Laughing*)
So, there's your first lie.

ISABEK

Well, yes, but . . .

YOSIF TATAEVICH

There's no argument. The first one was Sabur.

ISABEK

    (*To* MAMBET *and* DOSBERGEN)
Come on, what does it matter to you? Say it was me.

MAMBET

We can't. As Osipbai would say, we don't have the moral right.
Don't interfere.

AISHA-APA

The point isn't who was first. What does that matter now?
They all studied in the same class and lived in the same
room. They came into my office together, all five of them. And
before that Sabur had come to me and asked me to excuse
them from classes, because there was something important
they had to do. Anyway, there they were in my office. They
said, "Apai, we have something very important to ask you."
"Very well, what is it?" "We've been to the recruiting office,
but they sent us back. They said we needed a note from school
saying that the principal has no objection and requests that
we be accepted as volunteers and be sent to the same unit
and not separated." My heart went up to my throat, I couldn't
speak. How could I say, "Go to your death," or, "Stay, let
others join." In the end I said, "Come back tomorrow." Then
I sat there alone and thought, What should I do? They're just
children. Suppose they get killed, or suppose they come back
crippled for life. How could I live with that? But then suppose I refuse and they don't let them join. These boys really
want to defend their motherland. It wouldn't be right to dis-
courage them. And so I thought and thought until my head
spun. In the evening I went to the district committee and told
them everything. "What should I do?" I asked. The secretary
answered, "You must decide." The next day they came back.
I wrote their notes and sent them to the recruiting office. Then,
when they went, I saw them off myself and settled all five of
them in the train. I looked at my boys and I could see they
were the youngest there . . . and I thought, God, what have
I done? How could I have let them go? I cried all that night.
And then Sabur's grandfather came and I was so terrified. He
was an old, old shepherd and he came into town on a camel.

48

Sabur was his only grandson. Sabur's father was once the first tractor driver in the village, but the *kulaks** burned him in his tractor. So there I was. I looked out of the window, I looked, and there was this old man on his camel, and I thought, What on earth can I say to him? But it turned out that he'd come to tell me he was sorry that he hadn't managed to get there in time to see the boys off to the front . . . That's the way things were then, you know. I've never believed in any god, but that day I prayed to all the gods to grant me one wish, to send my boys home, to keep them alive.

(*Pause*)

So now I wish you happiness, my boys, for whom I prayed and cried. May everything be good for you and may your children grow up healthy . . .

ISABEK

Let's drink to this wonderful moment, and to those days, the best days of our lives.

(*They all touch glasses and drink*)

AISHA-APA

I look at you and I remember Sabur. He was wonderful, he was special . . .

ISABEK

Please forgive me, I don't mean to interrupt, but I want to take this opportunity to propose one more toast . . . When Aisha-Apa saw us off to the front, there were five of us, all friends and classmates. But it was the fifth one who was the most remarkable, the most exceptional individual. No, I meant what I said, he was an individual, even though he wasn't yet seventeen. So, my friends, in the presence of our dear Aisha-Apa, let us drink to him, to the fifth one, to Sabur.

---

* *Kulak*: rich peasant farmer.

AISHA-APA

His fate has not turned out well. They say he drinks . . .

ISABEK

And yet I still have deep respect for his past, or, should I say, his former talent.

AISHA-APA

You were wonderful boys at school. I remember we had a wall newspaper, and every issue included some of Sabur's and Isabek's poems. Once, I think it was on the seventh of November, Revolution Day, Isabek put his own name under some of Sabur's verses—Isabek Mergenov. Oh, what went on then.

ISABEK

My God, yes, we were wicked boys. I'll tell you what that was. It was a prank or, as they say now, a "provocative plot" hatched by certain smart young men, such as Osipbai, who were trying to spoil things between Sabur and me.

YOSIF TATAEVICH

No, brother, don't blame other people's crimes on me.

MAMBET

Anyway, whoever did it, it seems, knew you well.

ISABEK

No, what are you saying? On the contrary, everyone knew his poems were much better than mine and I never denied it. Sabur had a rare gift of poetic thought. What he wrote came easy for him—it was beautiful and inspired. We lived together peacefully. All sorts of things happened. You remember that time when there weren't enough beds and we had to share one, like brothers? Isn't that right, Aisha-Apa?

AISHA-APA

Yes, you were good friends—during your school days.

ISABEK

The history of our generation is amazing. There are things even our wives might not know . . . and so, after we'd finished artillery school, they sent us to the front. We all joined our army's main artillery reserve. We were all in the same battery. Anyway, you see . . . Damn, what was I going to say?

YOSIF TATAEVICH

Maybe you were going to tell how I ran away from the hospital to catch up with you on the march.

ISABEK

Yes, I remember that . . . The one thing we dreaded was separation. We'd have done anything to stay and fight together.

MAMBET

That's right . . . At the front we became more than friends. Maybe it was because death was always there and we were afraid of losing one another . . . And now I think it was Sabur, too, who helped unite us. He was more mature and wiser than we, I'd say. They put him to work on the divisional newspaper as editor of the Kazakh and Kirghiz edition, but he didn't want to leave us. It was depressing for us without him and he knew it. Every day he would stop in and see us. But still, we were proud of him when he became editor of our national edition. We used to joke with him—but nevertheless we believed that, if only we could survive to the day of victory, we'd see him made editor of our republic's newspaper, our friend—poet, writer, and warrior. There was nothing he couldn't do . . . We were so naïve, it was more than enough . . .

ISABEK

That's all true, except you left out a few details. You often found fault with the poems Sabur wrote at the front, and you used to annoy him more than anyone else. But he was a poetic soul and he forgave you. He had a lot to put up with . . .

MAMBET

Well, go on . . .

DOSBERGEN

Please, comrades, please! Don't be like that. Try and remember where you are. You're my guests here on Mount Fuji. You begin . . .

AISHA-APA

There's no need to cloud the past, children. All of you wrote me such fine letters from the front. How I cried when I got them. Sabur used to write, "Dear, much loved Aisha-Apa, I beg to report: Osipbai, Isabek, Mambet, and Dosbergen are alive and well. They are all fighting, hitting the Fascists with accurate artillery fire. So am I." Once Isabek wrote that he'd killed four Fascists in one fight. I was terrified. My poor little boy, how did you survive?

(*They all laugh*)

DOSBERGEN

Our little one! Oh, Isabek, you were the warrior of warriors. Only I can't remember that particular incident. When did you do it? Maybe you did it without telling anyone?

GULZHAN

Poor Isabek, you've always had an inferiority complex, even then . . .

ISABEK

You're being very strange, all of you. Can't you see that I wrote that to raise morale back home? Anyway, our shells were killing dozens of the enemy, hundreds. Why shouldn't I add at least another four?

MAMBET

Oh, the thirst for glory, the great driving force of history!

YOSIF TATAEVICH

It was good of you to be so modest. You could have credited yourself with thousands and still probably gotten away with it.

AISHA-APA

But leave him in peace. Why did I have to remember that letter . . . ? I suppose it's understandable, since I lived on those letters of yours. And when Sabur's poems from the front appeared in the newspaper, I was so happy. It meant my boys were alive, fighting, sending me their greetings through those lines of verse. I've saved all the newspaper clippings. I've got your poems too, Isabek.

ISABEK

Oh, Aisha-Apa, what happened is all in the past now. But there was something else, something I don't really want to remember now . . .

AISHA-APA

I know about that; only I'm not quite sure how it happened.

(*Pause*)

ISABEK

It was a long time ago, and it's still difficult to talk about it.

YOSIF TATAEVICH

Why stir up the past?

MAMBET

What are we supposed to do with our past? Forget it? Whatever happened, this conversation had to take place. We each had some part in Sabur's fate.

YOSIF TATAEVICH

I don't know what you have in mind. My conscience is clear. It's you and Isabek who are the experts on poetry and literature. You're the ones who were praising him one minute, arguing with him the next. You knew his poems by heart.

MAMBET

Don't pretend, Osipbai. Both you and Dosbergen knew those poems and there's no sin in saying we all loved them. He shared every new line with us, and we waited for those moments. Without us, maybe he wouldn't have become a poet. We were the barometer by which he measured his talent. Sabur's poems gave us a voice.

YOSIF TATAEVICH

I don't deny that we were young then and Sabur was among us. But I deny all connection with that particular poem, the one that got him in trouble. I'm not surprised it happened. He tried to be too clever, he wanted to be a philosopher. That poem reflects neither what I think nor what I feel.

MAMBET

I don't want to force this out of you, but tell me one thing: why did we renounce Sabur so easily and simply, as soon as he got in trouble? Let's suppose a man makes a mistake, let's suppose he loses his head among the cruelties of war. But we knew him, we grew up together. You remember those lines: "I will not take my brother's hand until he takes up arms to fight." He wrote that! It was his poetry and his example that gripped us and enticed us when we might have stayed quietly and studied in the twelfth grade. And if it hadn't been for him —who knows?—maybe we would never have gone to the front. And you'd have had nothing, either real or imaginary, to boast about.

YOSIF TATAEVICH

What are you trying to say? They acquitted him, didn't they, and let him out? It's not our fault that he's a man of weak will and no longer good for anything but drinking vodka.

MAMBET

You should be ashamed of yourself! What are you saying?

54

YOSIF TATAEVICH

I'm expressing my view—soberly and, I believe, correctly.

MAMBET

Yes, yes, I remember, even at the front, even when you didn't know whether you'd be alive or dead the next day, even then you were an opportunist.

YOSIF TATAEVICH

How dare you? And where were you? If you're so fond of the truth, why were you so silent? I just can't believe you. What are the facts? The fact is that I suspect you and no one can forbid me to do so. How should I know? Maybe you were the one who denounced Sabur at headquarters. And you can talk about it and grieve about it here as much as you like. You can make yourself into a saint, but it still doesn't make you look any cleaner. On the contrary, you talk about it too beautifully. It was years ago, but you remember it so perfectly. Maybe it's your conscience that's bothering you. Try and prove me wrong. I'll finish telling you what I think, I suspect you all —you Mambet, you Dosbergen, and you Isabek! All except myself, because I know myself.

MAMBET

You're right to suspect all of us, just as we're right to suspect each other and you. It's terrible. But the most terrible thing is that we were silent and accepted Sabur's fate immediately. That's our disgrace. That's what I can't forgive myself. I don't want to be like you and suspect everyone. I want to know who it was and why he did it. I don't know what I'd do to him, but I know that afterward I could die in peace.

DOSBERGEN

Not bad. We've reached a dead end. So now we're all suspects, we're all bastards . . . Oh, how are we going to be able to continue living with ourselves? . . . But I'll tell you something, there's nothing that can help Sabur now and there's no point in going on about something that happened years ago and everyone's forgotten about. I'm sorry for Sabur too. I know I don't know much about poetry. I know he used to write epigrams attacking me. There were others he wrote aimed at you, Osipbai, aimed at all of us. For instance, I remember there was one verse in which he called Isabek a "self-inflated self-advertiser." And there was something else he wrote about me. I didn't take offense. He was right. Then he called Osipbai "the son of a mother-bureaucrat and a father-bureaucrat." But your parents were simple peasants, so you didn't mind, did you, Osipbai? I'm saying all this because . . .

ISABEK

Wait, wait just a minute, what about the rest of us? Sabur didn't even spare Mambet. Do you remember, "Truisms push out of your ears like dandelions on a dung heap"?

DOSBERGEN

That's right. Sabur trusted us the way he trusted himself, and that's why he allowed himself a little teasing sometimes. Friends have a right to it. Or maybe he knew it was a difficult time and he just wanted to make us laugh. I don't know . . . But whatever happened is over and covered with grass. We've done enough breast-beating, it doesn't make things better. Let's talk about something else.

ALMAGUL

No, I'm sorry, Dosbergen. Maybe you should never have started this conversation in our presence. It's your past and you've got to deal with it. But now I think . . .

GULZHAN

Almagul's right. Your wives can't remain indifferent to what happened between you . . . You should have more respect. Here I sit and imagine myself in Aisha-Apa's place. What is she supposed to think? Here you are, talking about one of her "children" as if he were dead, as if he were killed in the war. But he's not dead, he's alive. What are we supposed to think?

. . . It's a terrible story. We can't just leave it the way it is, we have to get to the bottom of it.

MAMBET

If we could manage that, I'd consider myself a happy man.

ISABEK

You're not the only one. We want the truth too, you know.

AISHA-APA

All I heard was that Sabur wrote a poem at the front for which they put him on trial, and then they acquitted him and allowed him to return with full rights. But you're the only ones who know what really happened. I'll say just one thing—as far as I'm concerned, you're all the same, you're like my five fingers: Isabek, Mambet, Osipbai, Dosbergen, and Sabur . . . Young people loved him so much during the war. They learned his poems by heart, and knew them like an oath of allegiance. You know, not long ago I asked Sabur to let me have something for the school museum to commemorate its fortieth anniversary. All he sent me was a short note: "Dear Aisha-Apa, please consider me killed in the war. I don't exist."

(Pause)

How could it happen?

ISABEK

I've been thinking about it . . . We went into action in the western Ukraine. The Germans did all they could to try and hold up our invasion, but we stubbornly pressed forward. We knew we'd soon be at the frontier and our motherland would be free. In a peculiar way, war intensifies the feelings and thoughts of men. Sabur was writing such impassioned poems that we became famous with him, just as Aisha-Apa said. Even your humble servant wrote one or two things at the front that weren't bad. Sabur printed them in the national edition. I'm even thinking of including some of these war poems in my collected works—not too big, only three volumes. Time's creep-

ing up and my fiftieth is no longer beyond the mountains. Years
pass. Everyone wants to celebrate an anniversary like that . . .

GULZHAN

We'll see when we get there . . . But what happened to Sabur?

ISABEK

Well, look, we fought our way to the border and everything was
all right. We were full of triumph and joy that our country
was rid of the invaders forever. And then . . . It's just my own
opinion, I'm not going to press it—but it seemed to me that
Sabur's mood changed somehow. One day he read us the begin-
ning of a long poem that was completely unlike him. I don't
remember the exact words, but this was its meaning: "I am
tired of the war. I am tired of the sight of bloodshed. And now
that my motherland is free, if I had wings, I'd fly back to Ala
Tau, where I was born . . ." And so on. Gloomy, lyrical
outpourings.

ALMAGUL

So what? Ordinary human feelings, quite understandable.

ISABEK

Don't be so quick, Almagul. It was more complicated than
that.

MAMBET

I couldn't understand why he wrote those lines . . . We'd lib-
erated our own land, but that wasn't the end. The struggle to
free our motherland grew into a historic mission to liberate
the peoples of Europe from Fascism. He must have understood
that—a clever, honest young man, a patriot. Where did he
suddenly find that shapeless pacifism which was so alien to
the spirit of the rest of his poetry? I used to say to him, "Sabur,
you must understand what history is. In order to do away
with wars, you must be ready to fight them."

GULZHAN

And what did he say? Didn't he agree?

58

MAMBET

Oh no, he didn't agree with me. But he did say once, "Can you imagine what it will all cost, how much suffering, how many lives?" "It's inevitable," I told him. "History leaves us only one path, to fight until victory is achieved, no matter what the cost." "Yes, you're right," he agreed. But all that time he was writing a long poem, not sleeping, snatching every spare minute. He seemed to be growing old before our eyes. The poem was called "As the Alarm Falls Silent."

> As the alarm falls silent,
> the shadows of the dead arise
> and come toward me, noiselessly,
> in an invisible crowd.
> What can I say to them?
> What words will console
> the ones who perished
> in this gigantic war?
> Death levels them all.
> They are just people, people who have died.
> Each is a son of the human race.
> No riflemen, no generals.
> What can I say to them,
> these people who have come together,
> among whom there are no strangers,
> no friends, no enemies?
> Who up above decides
> the fate of many generations?
> Where are the bounds of suffering
> within this sea of men?
> What can I say to them,
> these people who have come together?
> Will it matter to them
> in another world?

And so on and on. These were his thoughts. He was an honest man, an artist of great depth, shattered by what he'd seen in the war, and he wanted to answer the vital questions that tortured him . . . He kept bringing each new section of the poem to read to us. Sometimes we'd all four listen together; sometimes he'd pick just one of us. He loved reading aloud. He found pleasure in reading, knowing that people were listening . . .

ANVAR

Get to the point. What happened in the end?

MAMBET

No, I won't. I'm not telling a joke.

ISABEK

Brevity is the sister of talent.

MAMBET

And the stepdaughter of a good fat fee—as you once rephrased it.

ISABEK

(*Obviously embarrassed*)
That's not very funny. Why do you always . . . ?

MAMBET

Stop interrupting or tell the story yourself. I remember how you always praised Sabur's poems, with tears in your eyes, with trembling in your voice.

ISABEK

No, you started all this, you carry on. It's true I liked Sabur as a poet and praised his verses. That's something entirely different.

MAMBET

But why is it different? We were fighting together, for the same cause. And you just didn't have the courage to tell him the truth to his face.

60

ISABEK

And what truth did you tell him, may I ask?

MAMBET

I told him what I considered my duty to tell him. I tried to help him. I told him I couldn't agree with the ideas in his poem. I told him, "We are the liberators, and now is not the time for universal weeping about mankind. Your international soldiers' requiem, which you wrote with earth-shattering force, is, to say the least, inappropriate. It's out of place. How can you mourn the dead and, at the same time, reject the struggle for which they fought and gave their lives?"

ALMAGUL

People always grieve for the fallen.

MAMBET

That happens later, after we've won, but at that time the war was still going on—a clash of worlds, not for life, but to death.

ISABEK

Yes, I know. Ideologically Sabur's poem was questionable, if not mistaken.

MAMBET

That's what you say now, but you were delighted with it at the time. He put a lot of trust in you, and you did him a disservice.

ISABEK

I won't take back a word I said, even now. As far as its poetry was concerned, it was masterly. It delighted my soul. At least my friendship with him didn't end in a fistfight. At least I didn't go running to headquarters.

MAMBET

I'm very glad you mentioned that. Somehow I knew you would.

ISABEK

I don't give a damn and I spit on your insight! My conscience is clean. I just hope yours keeps you awake at night.

DOSBERGEN

Shh . . . shh! Keep your voices down. You'll scare the birds on the rocks. What the devil's going on today! What do you think you're doing? You can't behave like this . . .

AISHA-APA

Mambet, did you really raise your arm against Sabur?

MAMBET

Yes, it happened. And it was all because of that poem. We were alone, standing by our gun. I told him, "As a poet you've gone off the track." He told me that in art there were no proper tracks and that my standards did not suit him. Then I said that at that time in history his poem was a display of selfishness and cowardice. He went white as a sheet and hit me across the face. I hit him back and we had a fight. Then he turned his back on me and walked away. I wanted to run after him and tell him that from now on we were enemies. If one of us is killed or wounded tomorrow, I thought, the other will sleep easy in his bed because he won't care . . . How was I to know it was our last meeting before long, long years of separation? It's not the fight that makes me ashamed now, it's those cruel words. How could I have accused him of such things? He was my friend, a poet who had understood the full depth and tragedy of human existence in the front line of battle. He was trying to express the great eternal truth about mankind. This is what made him vulnerable, but also what made him strong . . . Unfortunately, I understood it too late, after the war. And who knows? If they hadn't come and taken him away with all his papers and notebooks just a short time after our fight, and if they hadn't then treated him the way they did—who knows?—maybe we would now be the contemporaries of one of the great poets! . . .

ISABEK

Excellent! At last you've spoken out and dotted the *i*'s. So in the end you came to the conclusion that the thoughts in Sabur's poem were not mistaken at all. Isn't that right? So it's no wonder that his poems delighted me, "with tears in my eyes and trembling in my voice." He was a poet and I was a poet too, so naturally . . .

MAMBET

(Interrupting)

Why are you still trying to get out of it? You've just called Sabur's poem questionable or even mistaken. And when I'm trying to figure out something, you're trying to turn the whole thing to your advantage.

(Pause)

The point is that we failed to understand Sabur at the moment when his ideas became full of deep internal contradiction. But this isn't a crime in an artist—it's his dialectic, his search for the truth. And this is where I can't forgive myself.

ISABEK

Oh my, you're in good form today. What are you trying to say now? What right do you have not to believe me? I didn't go running to headquarters.

MAMBET

Yes, I know, I was the one who ran. That evening, before Sabur got in trouble, I was at headquarters, just like Isabek said—twice. Our divisional commander sent me there because my handwriting was good for preparing lists and various documents for them who'd been decorated. I spent the whole day working on them. All I did was write lists. Late that night I came back to the shelter. You were all asleep. Then the next day we heard that Sabur had been summoned to the special department. They'd taken him away, with all his manuscripts, even notes he'd written on scraps of paper. I realized it was serious and that we had to do something quickly, because in wartime anything could happen. We had to do something, to act. We started discussing it. I said I wanted to go and see our unit commander. I wanted to approach a higher authority. But you—first you Osipbai, then you Isabek, and you Dosbergen —you all persuaded me not to, and I listened to you. That was my crime before my own conscience. You had so many good reasons: this isn't allowed in the army, that isn't allowed in the army; it won't do any good, it will only make things worse for him; they'll send for us if they think it's necessary; they'll ask us and then we'll say what we have to say; and so on, and so on, and the like. We all kept our mouths shut. I don't know if anything I could have done would have helped Sabur, but the fact that I didn't even try to intervene . . .

(*Pause*)

DOSBERGEN

I'll tell you frankly, if anyone asked me now what I thought of that poem, I'd tell them to go to hell. I'd say, "Don't waste our time." After the war, all everyone did was sing hymns in praise of peace— Save the peace! I don't understand these subtleties and I don't know much about poetry. But I preferred to keep silent at the time because I thought those lines were questionable, and I didn't want anyone to know I'd listened to them. Of course, if they'd called me in and asked me, well, I'd have told them everything. But act on my own initiative? Well, I don't know. Times were very bad.

YOSIF TATAEVICH

Of course, I'm not going to beat my breast, as they say. I wasn't really involved. It has nothing to do with me. But I can tell you that Sabur was no lamb. There was something wrong somewhere. That's why they put him on trial and sent him into exile.

ALMAGUL

But later he was acquitted and restored to full rights.

64

YOSIF TATAEVICH

That happened later. We're talking about what happened earlier.

MAMBET

We've known each other many years, Osipbai. And you know something, you're a terrible man.

YOSIF TATAEVICH

I'm a man of my time. I don't take what isn't mine, I don't provoke duels. I acquire position and the good things in life by my own work and diligence. I respect order in whatever form it happens to exist, order in thoughts—and in poems too, I may add. As to whether I'm a terrible man, well, that's another question altogether. Anyway, you were the one who went to headquarters the day before it happened. It wasn't me.

ISABEK

Mambet, there's nothing I can say for sure. I don't want to suspect anyone. But you did spend that day at headquarters, and whatever I do, I can't get that thought out of my head.

MAMBET

It's fate punishing me for what I did.

ISABEK

I just don't know.

AISHA-APA

It makes my head spin. I listen to you and I just can't understand it. You grew up together, you fought together, then trouble comes to one of you and it's as if you've never known each other. Suddenly it's each of you on his own, apart from the others. How can that happen?

ISABEK

Don't think we didn't try to help Sabur. I did, for instance. When he came back from there, I got him a job, an editorial job. But he'd already started drinking and it didn't last long. Then I got him a job with another newspaper, then with the radio, and from there he went some place else . . .

GULZHAN

This is the first time I've heard about it. Isabek, why didn't you ever talk to me about Sabur?

ISABEK

What was there to say?

GULZHAN

But wasn't he your friend? You obviously had a lot in common. You're now successful men and still his friends, why didn't you invite him here today?

ISABEK

But, Gulzhan, you don't understand. He's completely finished. His wife left him. His daughter got married recently, I heard, and she didn't even ask him to the wedding.

(*Pause*)

Anyway, he wouldn't have come.

YOSIF TATAEVICH

It's his own fault. He's not the only one who was exiled. There were plenty who returned and managed to get back to normal life. Who do they blame? Who are they supposed to hold a grudge against? History? What great historical event ever took place without mistakes? Life is complicated. One has to learn to rise above the complications. One needs great awareness and great bravery to keep from losing face. As for Sabur, he was talented, but his talent just disappeared, like smoke.

GULZHAN

That's enough. Now listen to me.

DOSBERGEN

At last! The master of ceremonies has come alive again. Hurrah!

GULZHAN

All this time I've been sitting listening to the story of Sabur.
I've been listening very carefully. As I understand it, after
Sabur witnessed the war with his own eyes, he started writing
a poem that was pierced by his tragic mood. War is disastrous
for mankind. Right?

(*Pause*)

But such a one-sided presentation of war at the time of our
heroic struggle for victory over the enemy could have been
interpreted, to put it bluntly, as a desire to get out, to with-
draw from the battle. Isn't that so?

(*Pause*)

I lost my own father in the war and that's the way I'd have
thought of it too.

(*Pause*)

ALMAGUL

And I lost two brothers. They were quite young. One was a
pilot, the other was a tank man. But we're not talking about
that now. I listened carefully too, and it doesn't matter how
and why it happened. But there's one thing I'd like to understand above all. Sabur's poem was never printed. It was never
in a newspaper or journal, it was never broadcast on the
radio . . .

ISABEK

No, it never appeared. He was writing it in a thick plastic-
covered notebook. Bright green. We got to know it well.

ALMAGUL

So it was his lyrical diary, just a diary where a poet expresses
himself, his thoughts, and the things going on around him . . .
Am I right? He can make mistakes . . .

ISABEK

What do you mean, "He can make mistakes"? I'll tell you
something else. When we were close to Vienna, we heard that

he refused to renounce that poem. That's why they sent him into exile.

ALMAGUL

But he didn't thrown down his arms, did he? He didn't leave the battlefield, refuse to carry out his duty as a soldier. All he did was think . . . He felt and thought in his poems . . .

YOSIF TATAEVICH

But it looks as if the people who decided his fate thought differently. He thought, did he? Well, a man has to know how to think! We fought the war with all our strength and thoughts and that's why we won.

DOSBERGEN

There's no point in blackening his name, Osipbai. Sabur was just as good a soldier as we were. You must remember what happened in that same place, just outside Vienna? A journalist gave us a note from Sabur. It was just a few words: "Requested transfer to a punishment battalion. Request refused. Goodbye." Do you know why he sent that note? Have you thought about that?

YOSIF TATAEVICH

He wanted to atone for his guilt with his own blood, to make up for what he'd done. But they wouldn't even send him to a punishment battalion, which means they didn't trust him.

GULZHAN

But he trusted all of you. And one of you denounced him.

ANVAR

For heaven's sake, stop it, it can't be one of you! There were other people who knew him; maybe one of them did it. That's possible, isn't it?

ISABEK

It's hard to imagine.

MAMBET

There was no one else in the division who knew the language. It was just the four of us, and Sabur of course . . . He wouldn't have read his poems to people who couldn't understand them.

GULZHAN

That's what it is! You're looking for a way to justify yourselves. Go ahead, but what you did to Sabur was plain, ordinary betrayal.

(*Pause*)

ISABEK

You're going too far.

YOSIF TATAEVICH

I utterly reject the use of words like that. What is done in the interests of the general good can't possibly be called betrayal. And don't think I'm trying to justify myself. I didn't do it, but if I had, I'd say exactly the same thing now.

GULZHAN

You can use that argument to justify any immoral act.

YOSIF TATAEVICH

I've told you what I think and nothing will make me change my mind. We all have our principles.

DOSBERGEN

Oh, people, have pity on me, the unhappy man who was thoughtless enough to invite you all to this stupid mountain we call Fuji. It was my wife who named it.

(*To her*)

And why did you have to give the mountain that Japanese name? Maybe it's the name's fault. Our guests seem to have forgotten they're at a party and not at a confession to the god of Buddha or whatever you call him. What's the point of these arguments? They're not going to help anyone. Let's forget about it. Isn't that right, Aisha-Apa?

AISHA-APA

Yes, you're right. You won't be able to untangle the knot now, so there's no point in tormenting yourself and us.

DOSBERGEN

Let's drink and eat and have fun and breathe this pure air. We'll build a campfire. Tonight we'll have a fire burning on the top of Mount Fuji so that the whole world will see it. Come on, master of ceremonies, let's have some orders. Fill the glasses. I want to drink.

> (*Everyone becomes very lively. They fill the glasses.* MAMBET *gets up and goes toward the tent*)

ALMAGUL

My samovar's gone cold.

> (*She goes off to get* MAMBET *and says to him*)

Why didn't you ever tell me about Sabur?

MAMBET

I thought Dosbergen had told you. And afterward it was difficult to talk about it.

ALMAGUL

You should have told me about it just the same. I should have heard it from you, not from anyone else. And now . . . I'm scared. If I wasn't the hostess here, I think I'd run away, I'd go and hide some place . . . But I know it wasn't you. I believe you. I know it wasn't you.

MAMBET

I can prove nothing. Nothing. I didn't help Sabur then, and it's too late now.

ANVAR

> (*Quietly, to* YOSIF TATAEVICH)

Well, I suppose you won't want to help Mambet now, not after what he just said?

YOSIF TATAEVICH

Of course I'll help him. But the main thing is for Mambet to want my help. He has this idiotic sense of pride.

(*Pause*)

Oh, Anvar, you're such a wonderful woman, I could take you to the ends of the earth. My soul would rejoice if I had a woman like you. But what's impossible is impossible . . .

ALMAGUL

(*By the tent*)

It wasn't you who betrayed Sabur. I know it wasn't you. Let's go back and join them. Help me with the samovar. Come on, Mambet.

(MAMBET *helps her to carry the samovar, then moves away behind the tent.* ALMAGUL *goes to join the others*)

DOSBERGEN

Oh, Aisha-Apa, we used to have wonderful times with Sabur. You can't imagine. His poetry was appearing everywhere. His words were made into songs. Most of all, letters came from young girls. We didn't even have time to read them. I have to admit, I sometimes pretended to be Sabur. Sabur knew and laughed about it. I had so many romances, all through the mail . . . But there was one problem. I felt I had to put a little poetry in each letter, just a couple of lines. Isabek helped. He wrote poetry then too, you know.

AISHA-APA

Isabek used to write good poetry. It's a shame he gave it up.

GULZHAN

They really weren't bad?

ISABEK

Everyone wrote poetry at that age. We were all looking for something. In the end I discovered myself in a more serious genre, almighty prose.

GULZHAN

You talk about it with such self-confidence . . .

ISABEK

You know the saying: "Expect no admiration from your wife, for she sees your body, or from your friends, who are burdened with jealousy."

GULZHAN

Yes, I see. It's the old story—an unappreciative wife, and friends who are as bad as Salieri.

ISABEK

So what? Every Mozart has his Salieri. It's human nature. And we're human beings . . . sinful.

DOSBERGEN

(*Interrupting*)
Hey, do you want some meat?

ISABEK

Yes, please.

DOSBERGEN

We'll cook some right away.

ISABEK

You'll never believe, Aisha-Apa, how difficult life and work had become, especially when they started translating my travel books into foreign languages. Then I started taking an active part in Afro-Asian conferences. Everywhere I go there are people who put me down, either openly or in secret. It's an unpleasant feeling. No wonder they say: "Look for no peace where a man fears his neighbor's success."

AISHA-APA

Don't pay attention to them. Don't do anyone any harm and keep on working.

72

ISABEK

I do work. I put everything I've got into it, heart and soul. I don't sleep at night. But people get so jealous, just because someone has gone past our local boundaries and published books in other languages. There are some writers, even famous ones, who are ready to call my books mediocre, just like that, crossing out years of work with a single word. Am I supposed to put up with that? I've had to throw myself into the battle against the eternal spirit of Salieri.

MAMBET

Salieri never called Mozart mediocre. On the contrary, he revered him and wept tears as he confessed to him the depths of his respect. Even after he killed the genius, Salieri never managed to do anything better. And so he died in torment without ever achieving his aim.

ISABEK

The trouble is, Mambet, our modern Salieris are different. The original Salieri was a master. But the main thing was that he had the courage to commit his act of villainy with his own hand. That's why you can respect him. But these modern ones, all they can do is snipe at you, at meetings or in the newspapers. They can't kill you. They just poison your life.

MAMBET

Yes, it's a hard life, I can see that.

ISABEK

That's true. Sometimes I have these long sleepless nights.

MAMBET

You lie awake thinking? What about?

ISABEK

Always the same thing, how to live, how quickly the days pass . . .
    (*Pause*)

By the way, Aisha-Apa, I'll find you the newspapers and magazines with Sabur's stories and poetry from the war years. I've got them, I've even got newspapers they published at the front. And by the way, nobody collected Sabur's poems as I did, bit by bit, line by line. And now I'm trying to find a publishing house that will bring out a collection. Can you do something for me, Aisha-Apa? When you have your next school exhibition, put some of my poems up too, next to Sabur's. Will you do that?

AISHA-APA

I'll certainly remember what you've said.

MAMBET

(*To* ISABEK)

Why do that? Wouldn't it look like the victory of a successful man over someone who suffered a misfortune?

ISABEK

No, it wouldn't. I just want to show there's still a spiritual link between us. Where do you get these ideas?

(*Pause*)

You're a Salieri, aren't you, deep down? Admit it!

MAMBET

Toward you, you mean?

ISABEK

Yes.

MAMBET

No, I'm not. After all, you're no Mozart.

ALMAGUL

I read an article in a magazine recently. There were some strange things about this Salieri. It said that every cause has its Mozarts and its Salieris, and that it's inhuman always to be on the side of the genius and to ignore the sufferings of the

74

one who isn't a genius—even more so because, in practical terms, both are necessary. You can't have a world consisting only of geniuses.

ISABEK

Yes, that's interesting. I must read it.

MAMBET

What about the problem of genius and villainy? Did the author have anything new to say about that?

ALMAGUL

No, he just said that since Salieris are bound to exist in the human race, we should regard their tortures and agonies in a humane way, with compassion.

GULZHAN

That's strange. I can hardly believe it. Long live mediocrity, is that it?

YOSIF TATAEVICH

What's so strange? Everyone fights for himself in his own life. Since a man can't be born twice, why should he want to vegetate on the back benches? Why should he watch some genius climbing to the heights of glory, while all he's doing is scrambling around at the bottom? No, he should fight on, shoot the genius off the top. Salieri has a perfect right to push himself forward.

GULZHAN

But he doesn't fight cleanly. He's mean and dishonest.

YOSIF TATAEVICH

My dear Gulzhan, once again I stand by my own convictions.

ISABEK

Last year when I was in Ceylon, I had an argument with a Buddhist monk. I proved to him that life would end if evil disappeared and only good remained.

MAMBET

If the struggle between good and evil ever ended, life would end as well.

ISABEK

I suppose so. But then at this meeting I had with Arab writers . . .

GULZHAN

Now we'll have India, Egypt, Japan, and we'll hear how much he impressed everyone, amazed everyone, convinced everyone . . .

> (DOSBERGEN *appears wearing an apron and carrying a ladle*)

DOSBERGEN

And so, my dear friends, the roast lamb will soon be ready. A few more minutes and the dream of the people of Mount Fuji will come true.

AISHA-APA

It's time I went . . . It's getting dark . . .

DOSBERGEN

There's one thing I want to say in this moment of peace before you resume your unintelligible arguments. The most wonderful thing about today is the fact that Aisha-Apa could be with us. Once again I welcome you, Aisha-Apa, on Mount Fuji. I've got a car waiting down the hill to take you home, so don't hurry, there's plenty of time. Once more I propose a toast to your years of work as a teacher. Whether we've turned out for good or for bad, I don't want to say . . .. I don't want to be a hypocrite, but I can tell you that all that's best in us we owe to you. Aisha-Apa, to your good health and to your warm heart!

YOSIF TATAEVICH

We're so grateful to you, Aisha-Apa. You've educated many good men and women. You can be proud of what you've done, as a teacher and as a mother. Take, for instance, Isabek Mergenov, who's here among us. Everyone's heard of Isabek. And then there's our Mambet, without doubt one of the best teachers in our republic, whom, by the way, it's time we transferred to a more interesting job in the capital. Or Dosbergen, our senior agronomist, a master of his craft, our excellent and hospitable host on Mount Fuji.

DOSBERGEN

Oh, what a life. One continuous pleasure. But don't forget to mention yourself, Comrade Osipbai. You're moving so fast. Academician, what's next? You might suddenly become minister! Why not? Then when it happens you'll say, "You never paid any attention to me before."

YOSIF TATAEVICH

Come on, come on . . . Aisha-Apa, I wish to make a request. Will you do us the honor of visiting on November 7, Revolution Day? I want all of you to be together in our home, all the conquerors of Mount Fuji. Maksuda will be thrilled, she's such a wonderful woman.

AISHA-APA

Of course I'll come. I'll come, provided that you're all there. All five of you.

YOSIF TATAEVICH

I . . . I have no objection . . .

DOSBERGEN

It won't work, Aisha-Apa. I saw Sabur recently. I went down on my knees and begged him. I said, "Come to my village; come and live, work, forget the past . . ." It won't work, for sure.

AISHA-APA

I must go, my dears. Thank you very much.

(*Pause*)

A little time ago I was thinking . . . You know, as they say, I've been brought up together with the Soviet Union, right from the earth. When I was only five years old, my mother and father were killed by *basmachi,** right in front of my eyes. I was taken to an orphanage and taught to read and write. It was like the sun rising, like doors opening into the light. So I thought to myself all those years: Everyone will get an education, a social conscience, and everyone will lead lives of peace and culture, as calm as clear water in a smooth pond. But life has turned out to be a raging torrent. Take you, for instance. You all know so much, but you also argue so much . . . I remember how we used to argue, always about the same thing—about what's good and what's bad. Of course man wants to find out about truth and justice. He's insatiable in his thirst. But when it's satisfied . . .

(*Pause*)

You won't find any better way of describing it than in one of Sabur's poems. When they printed it in the magazine, I didn't understand what it meant. But I remembered it. And over the years its sense is becoming clearer to me. It's how can a man be a human being.

ISABEK

You mean "The Eternal Argument."

AISHA-APA

"The Eternal Argument."

> No, the eternal argument is endless.
>> How can a man be a human being?
> This argument continues through the war,
>> how can a man be a human being?
> In cries for victory, I hear them argue,
>> how can a man be a human being?
> In the shouts of death, I hear them argue . . .

**Basmachi*: members of a counter-revolutionary robber band in Central Asia during the civil war.

MAMBET

> how can a man be a human being?
> We'll triumph, and still it will be the same argument,
>   how can a man be a human being?
> Who thrust this argument upon us,
>   whose gift is this eternal argument—
>   how can a man be a human being?

GULZHAN

Did he really write that? He was so young.

ALMAGUL

Lermontov was young too.

ISABEK

It was the war, my dears, war is a great school. It deepens a man's perceptions.

GULZHAN

Not everyone's, apparently.

ISABEK

I wish you'd stop talking like that. I don't mind my feelings being hurt, but think of everyone else. We're not the only people here.

YOSIF TATAEVICH

There's no need to be upset, Isabek. I'm not bothered at all. Forget about it. But these lines . . . What can one say about them? It puts the question too abstractly. It doesn't seem to have any relation to today. Exactly what human being is he talking about?

MAMBET

But that's why I think it's a valuable poem. It's about all of mankind. I believe our social experience gives us the right to speak on behalf of everyone, on behalf of the whole human race. You see, up to now no one, no other society, has embarked upon such a journey . . .

79

ANVAR

Who's this Lermontov and who's this fellow Sabur. It's a ridiculous comparison, to put it mildly.

MAMBET

He may be "this fellow" to you, but to me he's part of my fate, part of myself.

ISABEK

Don't monopolize Sabur. Don't make it seem as if you're the only one who suffers for him, as if the rest of us don't give a damn.

DOSBERGEN

Oh, my God, are we back to Sabur again? He won't let us move, will he? All our conversations stumble on Sabur. Why can't we leave him in peace, for heaven's sake? And have a little more respect for Aisha-Apa. She has to go, she wants to say goodbye. And you won't let her open her mouth.

AISHA-APA

Don't worry about me, Dosbergen dear. I'm not the one to judge if Sabur was right or wrong. But I'll tell you, you've been talking about him so much today, it's obvious that you can't do without him, he's still with us . . . Please, don't get up, don't move, don't get up.

EVERYONE

— No, no.
— We'll see you to the car.
— Of course we will.
— Thank you for coming, Aisha-Apa.

AISHA-APA

Goodbye. Be well. No, stay there, stay there. I'll make my own way down . . . It's my fault too, you know.

    (*Pause*)

I was no mother to him, I didn't rush to his side, I didn't

80

knock on all the doors or tap on all the windows to try and help him.

(*Pause*)

Yet everyone sets me up as an example. I'm an old Communist, I sit on committees, I make speeches. No, I won't be able to live in peace now, and I don't think you should either, not after this . . . Goodbye.

(*She leaves. The women escort her down. Pause*)

ISABEK

It's getting dark. I love this time of the evening. The mountains look so strong in the twilight.

MAMBET

Yes, it's wonderful.

DOSBERGEN

(*Brings a bottle of cognac and some glasses*)

Listen, I'll tell you something frankly. We haven't managed to get a proper drink all day, and all because of your stupid arguments. Now that the women are away for a bit, let's drink like soldiers. Damn it, let's enjoy ourselves. What are we here for? Why did we stay behind on the mountain? Let's shout like savages! Let's sing songs!

(DOSBERGEN *pours out the bottle of cognac. Everyone becomes very lively. They shout and listen to their voices echoing off the mountains.* DOSBERGEN *tries to imitate the roar of an abominable snowman. They all laugh loudly*)

Let's roll some stones down the mountain. Rolling stones was my favorite game when I was a boy. I was a shepherd, you know.

ISABEK

Why not. Let's try, let's see who's the strongest, whose stone goes farthest.

(YOSIF TATAEVICH *throws off his jacket, tears off his tie, and throws it where he won't be able to find it. He rolls up his sleeves. Everyone enters into the spirit of the game. The stones go crashing down. The women return)*

ANVAR

My God, what's happening? What are they doing?

GULZHAN

They're rolling stones down the hill. They're coming to life at last. The men from the city are letting themselves go.

ISABEK

(He throws a stone)
It's no good, Osipbai, you can't compete with me. I've still got my strength!

YOSIF TATAEVICH

Hey, *dzhigits,* let's show the girls what we can do. We're still as good as we used to be!

MAMBET

But wait a minute, I've lost my glasses.
(He tries to find them by feeling around)
I can't see a thing. I've lost my glasses.

YOSIF TATAEVICH

Come on, step aside. You're getting in everyone's way.

DOSBERGEN

Look at him, nearsighted intellectual! One, two, three, heave!

ANVAR

Watch out, there may be snakes under those stones.

YOSIF TATAEVICH

Snakes? What do I care about snakes? I'll throw them too. Like that! Like that!

GULZHAN

Good shot! Let me try too.

82

DOSBERGEN

Come on, girls. It's your turn. Come on, let's see what you can do.

(*The women also throw stones, but small ones*)

ANVAR

Where's your tie, Osipbai?

YOSIF TATAEVICH

To hell with it! I've got two hundred ties at home.

MAMBET

Almagul, can you show me the way to the tent? I can't see anything. I've lost my glasses.

(ALMAGUL *takes* MAMBET *by the hand. The others move off, throwing stones down the mountain*)

ALMAGUL

You've lost your glasses?

MAMBET

I'll find them tomorrow morning, if they don't get smashed.

ALMAGUL

Give me your hand.

(*She stops* MAMBET)

Do you see that flame? There's a fire over there.

MAMBET

Yes, that I see. What is it?

ALMAGUL

It's a Pioneers' camp. It's their campfire.

MAMBET

Yes, I see . . . It's a beautiful sight. I imagine—all around are the dark, dark mountains and in front the blazing fire. Listen, Alma . . . do you remember the fires we made when we were in the Pioneers? How long ago was that?

ALMAGUL

Those fires have gone out. And we're not the same any more either.

MAMBET

But it's interesting. I imagine those children around the fire, singing, dancing, having fun. They don't worry about the future. Yet there are probably some of them who will grow up and turn out just like us. There may be a little girl who will be like you, Almagul, and there's someone like me who will love her with the same problems, the same unhappiness I have. And there may be other boys who will turn out like Isabek and Osipbai, and they will have their Gulzhan and, perhaps, their Sabur . . .

ALMAGUL

Maybe he'll be lucky. Maybe his fate will be different and maybe his friends won't treat him as you did . . .

(*Pause*)

MAMBET

I can't take offense at what you said.

(*Pause*)

You know, Sabur still avoids me, even now. Sometimes I dream about it . . . all of us, together . . . I wake up in a cold sweat . . . It's all in the dream, my fear and shame . . . You're right, there's no way to bring back the past. My army coat's worn out. My boots need new soles. I don't even remember what all of it looks like.

ALMAGUL

(*Smiling*)

And I remember seeing you in your boots and army coat. You never knew about it. It was at my first teachers' conference after I qualified. You were sitting in the hall a few rows in front of me. You kept looking around and staring at me . . . I was

terrified someone would notice . . . You stared so hard . . .
I liked it, it got me excited. I thought everyone would notice
the way you were looking.

MAMBET

I remember that. I looked for you during the break, I wanted
to buy you a glass of lemonade.

ALMAGUL

Why didn't you?

MAMBET

I was shy. You were such a young girl, standing in a crowd
of young men. I was already . . .

ALMAGUL

Why didn't you do it? My God! A glass of lemonade, that's all
it needed, a glass of lemonade . . .

MAMBET

I know, it's crazy . . . Then I lost sight of you, and years later,
when I was posted back from Tyan-Shan, I met you again at
school, but you'd already married one of my friends. It's fate . . .

ALMAGUL

If you want to know, I envy them, those children around the
campfire. Maybe one of them's going to be you, or one of
them's going to be me, but they don't know it yet. And when
they find out, there'll be times when they'll feel so miserable . . .
and times when they'll feel so happy. Come on, I'll take you
to the tent.

(*They leave. Voices can be heard*)

DOSBERGEN'S VOICE

I am the snowman! I am the yeti! I am the yeti!

YOSIF TATAEVICH'S VOICE

I envy the yeti. He's absolutely free. He grabs any woman he
wants and takes her to his cave.

ANVAR'S VOICE

Where is your cave? Where is your cave?

ISABEK'S VOICE

Long live the yeti! Long live freedom!

GULZHAN'S VOICE

Be careful, Isabek. You'll fall off the edge . . .

Act Two

It is morning and the sun is shining brightly. DOSBERGEN,
MAMBET, YOSIF TATAEVICH, *and* ISABEK *are washing themselves
by the stream, stripped to the waist.*

YOSIF TATAEVICH
> (*In a bad mood*)

It's no good, my friends, it's not right. To tell you the truth,
I'm very annoyed.

ISABEK

Forget it, Osipbai. We've had a good rest, plenty of fresh air.
We've had a good time. What more do you want?

YOSIF TATAEVICH

That's not what I'm talking about. Look, are we men or aren't
we? Women are getting the upper hand everywhere. No wonder
our ancestors used to warn us: "To embrace a wife is to embrace an enemy." We made fools of ourselves in front of the
women. We never should have brought that subject up. And
tomorrow they'll be spreading it all over the place.

ISABEK

What are they going to spread? What were we talking about?

YOSIF TATAEVICH

We shouldn't have given them any grounds for saying anything. Thank goodness, my wife wasn't there. She'd really have dragged it all out of us.

ISABEK

Don't make God angry. Maksuda's an intelligent woman.

YOSIF TATAEVICH

You may think she's intelligent. Someone else's wife always seems younger and prettier than your own. But I have to live with her and I know that . . .

DOSBERGEN

Don't say it, Osipbai, don't say it.

YOSIF TATAEVICH

Why not? As if you don't know what I mean. I got back from the war, and well, the first thing I did was get married. Now we have children, and my position won't allow any . . . You know the importance they put on your moral image . . . What am I to do? I've heard that in other countries nobody cares about these things, nobody sticks his nose into your personal life . . . Get married if you want, get divorced if you want, so long as it doesn't affect your work. Just try that here and see what happens.

DOSBERGEN

I know. I don't envy you, comrade director, doctor of science. It's a bad business. It's rotten.

YOSIF TATAEVICH

You worry about your own problems. A man of self-confidence like you . . .

DOSBERGEN

Why shouldn't I be self-confident?

YOSIF TATAEVICH

(*Stopping himself in time*)
I didn't mean any offense.

DOSBERGEN

You're hiding something. You're picking on me. But why?

YOSIF TATAEVICH

It's true, I was. Forgive me, Dosbergen.

MAMBET

(*Shouts*)
Hey, I've found my glasses.

YOSIF TATAEVICH

First thing this morning Mambet put me in a bad mood. We'd
hardly woken up, hardly washed, when he has to tell us his
news: he dreamed about Sabur, would you believe. There we
were, all of us, back at the front, and he was reading his
poetry. It's intolerable. All yesterday we spent punishing ourselves. All right, we loved him, we love him. So what of it?
What more can we do?

MAMBET

So now we're even afraid of dreams?

ISABEK

Mambet, you're just being irritating.

MAMBET

I didn't know you thought dreams were so important.

ISABEK

What are you trying to say?

MAMBET

Basically nothing at all. But there's something I want to say,
only I haven't got any proof.

ISABEK

And don't look for proof. It doesn't exist. Anyway, we can't
exclude the possibility that it was you.

MAMBET

What you say doesn't surprise me. It has to be someone and that someone has to be one of us.

DOSBERGEN

I can't see any sense in it. Just tell me, what was the point of starting this conversation, making each one of us suspect the other, when no one has any proof or facts? What good does it do anyone?

YOSIF TATAEVICH

Let's try and put this thing in perspective. You remember what I said yesterday: history is not made without mistakes?

MAMBET

I hardly think you'd press that argument if you were the object of one of those mistakes.

YOSIF TATAEVICH

I know that . . .

MAMBET

(*Interrupts him*)

Our history corrected these mistakes by itself. That's where we see its great fairness. There's no objective reason for Sabur to feel he's been cast out of life. All his rights have been given back to him fully. Morally and legally he's the same citizen as you or I.

YOSIF TATAEVICH

That's right, I agree. There's no objective reason.

MAMBET

But there are subjective reasons, which are no less important for a human being. They can wound the human soul very deeply. They can bring it to a state of prolonged crisis, maybe irreversible crisis. And we're responsible for it. What's the matter? Don't you understand that? We are the ones to blame. And what infuriates me in this case is our smug sense of superiority: He drinks, don't you see? It's his own fault; his talent ran out; he turned out to be a weak man. We were the ones who destroyed Sabur, and now we despise him as well.

ISABEK

Either you're a great actor or else you're a . . . a truly unhappy person.

(*Pause*)

There's such a chasm of darkness in your soul, Mambet. You boast about being just a simple schoolteacher, while at the same time you're boiling with envy and malice toward the whole world. You're ill. You need medical treatment.

DOSBERGEN

If I hear one more word out of any of you, I won't answer for the consequences. I'll take you by the scruff of your necks and throw you off this damn mountain. What are you trying to do? Torture me? Insult my hospitality or my wife? She spent the whole week getting things ready for you, and all you can do is fight like cats and dogs. I don't give a damn who you are. I may be just an agronomist, but I know my duty and I expect people to behave the way everyone else behaves. Have some respect. Or, if not, go to hell and take your great ideas with you.

MAMBET

I didn't want to upset you, Dosbergen. Forgive me, please, forgive me . . .

ISABEK

Calm down, Dosbergen. You're quite right.

YOSIF TATAEVICH

I agree.

(*Pause*)

DOSBERGEN

(*Looks at his watch*)

There isn't much time left. The cars will be here any minute.

(*He smiles*)

All right, let's forget it . . . Let's spend the morning like human beings. Let's agree, no more arguments about Sabur. We'll amuse our wives and avoid serious conversation, or anything that might start it off.

YOSIF TATAEVICH

Good idea.

DOSBERGEN

We'll relax, breathe the morning air, admire the mountains.

ISABEK

What more does a man need on a Sunday?

DOSBERGEN

Come on, let's take down the tent.

> (*A change of scene. The women are together in a group, making breakfast. The samovar is smoking*)

GULZHAN

Our men got themselves in trouble yesterday. And we added to it. It was even worse for the poor wretches since Aisha-Apa was there. It serves them right, though. If one of them's so low that he betrayed his friend, let them all be ashamed.

ALMAGUL

Only this man may be the husband of one of us . . .

GULZHAN

That's the point.

ANVAR

Yes, of course, but . . . Here they come. Maybe we shouldn't spoil their rest. We won't remind them. Anyway, we'll be going soon.

MAMBET

Good morning, *khanums* on Mount Fuji.

ISABEK

Good day, women of the highest mountains!

ALMAGUL

Oh! That sounds beautiful!

ANVAR

Good morning! How did you sleep? You didn't freeze?

DOSBERGEN

No, we didn't. The sleeping bags kept us warm. What about you?

GULZHAN

We had the tent. We slept like logs.

YOSIF TATAEVICH

What about the mosquitoes? They didn't bite you? With your skin . . .

GULZHAN

Oh no, mosquitoes behave well on Mount Fuji.

MAMBET

Gulzhan, we were paying you a compliment.

GULZHAN

You mean, I'm extra delicious to mosquitoes? Thank you very much!

MAMBET

You're impossible! I feel sorry for Isabek.

(YOSIF TATAEVICH *turns on the transistor radio he always carries with him*)

VOICE OF THE ANNOUNCER

The launching of the Venus space station will enable mankind to discover the unknown secrets of this mysterious planet . . .

DOSBERGEN

Turn it off. What do I care about the universe? I can't plow
or sow seeds out there. So who needs a planet where the grain
won't grow?

ISABEK

Dosbergen, isn't it worth some effort to discover the secrets
of the universe?

DOSBERGEN

Who asked me whether it was worth it or not? I'm not an
empty shell, you know. I fulfill my plan, I overfulfill my plan,
I put my life into it. So pay attention to what I think and at least
ask my opinion. Instead of space travel, why can't they get
us rain when the crops need rain? and divert it when we don't
need it? That would be useful. What do we do when the fields
are burning up in the sun? We're helpless, all we can do is
weep. And what about when the rain's pouring down and rot-
ing the grain? We shake our fists and swear at the sky.

ALMAGUL

If you want to control the climate, you have to know what
goes on around the earth. Space research is necessary. Perhaps you'll realize it one day.

ISABEK

You know, Dosbergen, your approach to life is that of a con-
sumer: "Give me rain, give me this, give me that..." That's
why he's a hero, our simple farmer, that's why he's such a
hard worker, because he labors in difficult conditions.

DOSBERGEN

I don't want to be a hero. I want to be a master, a creator in
my own field. I'm not like someone out of an epic poem. I
don't want to experience elemental or any other insurmount-
able difficulties.

ISABEK

They're an essential part of life.

DOSBERGEN

You manage to keep clear of them. Why shouldn't I?

ISABEK

Writers have problems too. Suppose I had to write about you, for instance. How could I describe you as a positive hero, a complete human being, a man of our time? What sort of positive image can there be if you don't even want to be a hero?

MAMBET

Is being a hero an end in itself?

YOSIF TATAEVICH

What's the point of living, then?

ANVAR

That's right. What can be more important than heroism?

ISABEK

I was talking about art. We call it the "typical situation of work with contemporary themes."

MAMBET

What does "typical situation" mean? When you know ahead of time what should be in a book or what shouldn't be, what kind of art is that?

YOSIF TATAEVICH

Mambet, you always have to be different, don't you? You have your own opinion on everything. You think you're being original? You're not. When you come down to it, there has to be discipline, in thought as in everything else. Yes, I know I'm orthodox, call me any name you like, but at least I won't go off the right track. Whereas your position strikes me as a very shaky one. For instance, you say you don't like Isabek's books. Why not?

ANVAR

(*To her husband*)

Why don't you write yourself if you're such an expert?

YOSIF TATAEVICH

That's got nothing to do with it. What is art supposed to teach in our country? Honesty, loyalty, selflessness, strength of character, firmness, straightforwardness, and, last but not least, heroism. I can't imagine any writer presenting modern man, a man of our time, without heroism. Take us, for instance. We fought all through the war; we can be an example for others to imitate, isn't that right?

MAMBET

Yes, I agree completely. Art should teach high moral principles. But how? That's the question, the artist's eternal question. All the qualities you've just listed so passionately can be covered by one single word—"humanity." That's it, simple humanity. That's what I call art's main educational task. And that's what, for some reason, you call the shakiness of my position. There was a poet who once said:

> Half-knowledge is most dangerous.
> It's hand in glove with history,
> demanding that we recognize
> that it is right, and totally.

ISABEK

We know that! Last year I was in Guinea. I expressed my views on art . . .

GULZHAN

Isabek . . .

YOSIF TATAEVICH

You can't have so many different views. It makes life too complicated.

DOSBERGEN

I agree. There's no need to go far to find an example. Take us, here on Mount Fuji. I sit here and ask myself, Why did we climb this damn mountain? To recall the past and celebrate the present? Or to argue endlessly about how we should live and whether we're living as we should? Why do we have these arguments? What's the purpose? Why should we be the ones who have to discover the truth man's been looking for ever since he became a human being?

MAMBET

But we're men and this is our weakness. We have to keep looking and looking for the truth.

ALMAGUL

I'm glad we didn't spend the time here on Mount Fuji just eating and drinking. It's good to talk about life. It means we still have a need to search for truth and discuss things. We're still young. Maybe . . .

(YOSIF TATAEVICH *changes the station on his transistor radio and finds some good, lively music*)

DOSBERGEN

(*Listens intently*)

There's someone coming.

(*He walks toward a stranger who has just appeared, and says loudly*)

Hey, where are you going? Did you see any cars down there?

(*The* FORESTRY WORKER *enters*)

FORESTRY WORKER

Yes, there's one car. What are you people doing here?

DOSBERGEN

What do you mean? We're spending the weekend.

FORESTRY WORKER

How long have you been here? Were you here last night?

ISABEK

(*Quietly*)

What a strange character . . .

DOSBERGEN

Yes, we spent the night here. What business is it of yours?

FORESTRY WORKER

It's my business. Otherwise I wouldn't ask, would I?

ANVAR

Look at him, he must be the ranger. Typical peasant!

MAMBET

There's nothing wrong, is there? There's no fire, the mountains are all in their proper places . . .

YOSIF TATAEVICH

Look here, don't you usually say "salaam" when you meet respectable people?

FORESTRY WORKER

Yes, I say "salaam." Except when I don't have to.

YOSIF TATAEVICH

What does he mean? Do you know who you're talking to?

FORESTRY WORKER

What's that got to do with it?

DOSBERGEN

Now just wait a minute, *dzhigit,* I'm host here, so just explain, will you? I'm chief agronomist down on the state farm and these are my guests.

FORESTRY WORKER

Yes, I know you. Everyone in these parts knows you.

DOSBERGEN

So where are you from? And why are you talking to me like that?

FORESTRY WORKER

I'm from the forestry department. You think I'm up here for fun? I'll tell you what happened. I was on my way into town for the Sunday market when this policeman stops me down there in the canyon. "Stop," he says, "get off your motorbike. I want you as a witness. There's a woman who's been killed . . ."

(*They all shout, "Killed!" "Bandits!"*)

FORESTRY WORKER

Oh no, it wasn't bandits. It was a stone that killed her. Down on the road, under the cliff. Hit her on the head. She's all covered with blood.

ISABEK

(*Grows pale*)
Yes, but . . . What's that got to do with us?

(*Pause. Everyone is silent, thinking the same terrible thought*)

DOSBERGEN

What's all this nonsense? Come on, talk properly. What happened?

FORESTRY WORKER

Why should I talk nonsense? You should know, you were the ones who did it.

YOSIF TATAEVICH

What do you mean? Do you realize what you're saying?

DOSBERGEN

Shh, be quiet. First of all, let's find out what he means. Now, you, tell us the whole story, everything you know. Don't hide . . .

FORESTRY WORKER

And what do I know? Well, it was Ertai's, the old shepherd's, wife who had to go up to the state farm yesterday. She didn't come back. They waited for her at home all evening. At dawn her horse came back with an empty saddle. Well, the old man went out to look for her and found her here, right at the bottom of the mountain, stone cold. He went to get the police. Lucky for him he found one at home. He told him what happened; then he passed out. They took him to the hospital. The policeman came here, and that's when he stopped me and another man down on the road. The other one's down watching the place where it happened, to see no one moves anything. The policeman rushed off into town to get an investigator and I was sent up to find you. We could hear your voices. It sounded as if you were all arguing, fighting, or shouting at each other.

ANVAR
I knew those arguments wouldn't do us any good.

MAMBET
Stop it. Let him finish.

ISABEK
Well, what then?

FORESTRY WORKER
Well, that's all. The policeman sent me up here to warn you. He says you all have to stay here and wait for the police and the experts. No one's to leave.

(*Pause. A long silence*)

YOSIF TATAEVICH
What does he think he's doing? We're up here, on the top of Mount Fuji, and the killing happened down there, at the bottom. It's probably some kind of accident.

FORESTRY WORKER
I don't know about that. I'm just saying what I'm supposed to say.

MAMBET
All right . . . But why does the policeman have to warn us? Maybe it was a rock fall.

FORESTRY WORKER

It doesn't look like a rock fall. We looked around the area and there's no sign of a rock fall. But there are stones lying on the road, about ten of them, like that, the size of my fist or a little bigger. One of those hit her, right on the head.

MAMBET

She's still down there? Can you show us the place from here?

FORESTRY WORKER

I think it's just over there.

> (MAMBET *and the* FORESTRY WORKER *walk toward the edge of the cliff from where they threw stones the night before. The others stay where they are, looking very uncomfortable*)

She's there. She must be just behind that rock.

MAMBET

> (*Quietly*)

Yes, it seems clear . . .

YOSIF TATAEVICH

> (*Loudly*)

What's clear? You're jumping to conclusions. You can't speak for us!

MAMBET

I'm not jumping to any conclusions. I'm forming my own opinion.

FORESTRY WORKER

Look, you're all intelligent people. You know the laws . . . There's no need for me to waste my time. Come on, let me write down your names and give them to the police. Then I can get going and you can wait here for them. Then you'll figure out what's what.

> (*Pause. No one says anything. He addresses* YOSIF TATAEVICH)

You look like the boss around here, I'll start with you. Let's have your name and address.

YOSIF TATAEVICH

I have no intention of answering any questions. I don't know anything and I don't want to know anything.

FORESTRY WORKER

All right, calm down . . . I only asked your name. Who are you?

YOSIF TATAEVICH

I've said what I'm going to say. Ask someone else.

FORESTRY WORKER

Just as you like . . .

ISABEK

Officially, you have no right to question any of us. What do you think you're doing, conducting an investigation?

FORESTRY WORKER

But I've told you. I work in the forestry department. I was driving along on my motorbike. This policeman sent me up here . . .

DOSBERGEN

All right, that's enough . . . You can go down now, *dzhigit*. We'll do everything. We'll see the police ourselves and explain.

FORESTRY WORKER

Well, it's up to you. You do what you want, but I'll remember who you are, all of you.

(*He leaves*)

DOSBERGEN

What are we going to do?

MAMBET

Tell them what happened, of course.

102

YOSIF TATAEVICH

What do you mean, "tell them"? You've become very offi-
cious all of a sudden. Do you understand what this means?
Do you understand what's going to happen, how unpleasant
it's going to be?

(*Pause*)

May the day and the hour I came to this mountain be cursed.

DOSBERGEN

Talking like that won't make it any easier . . . Let's think for
a minute . . . Before the police get here . . .

YOSIF TATAEVICH

I think we should use common sense. All of us have families,
children, positions in society. One of us should take the responsibility. Then the others will be all right.

ISABEK

Have you gone out of your mind? Suppose someone doesn't
have children, what happens to him?

GULZHAN

(*Angrily*)

How dare you, all of you! You're not the ones who are suffering. You're vile people!

(*She cries*)

ALMAGUL

(*Puts her arm around her and tries to calm her down*)
It's all right, Gulinka, don't listen to them. Anyway, there's
no question of doing it like that . . .

(*She turns to her husband*)
Don't just stand there, Dosbergen. You're the host.

DOSBERGEN

What can I . . . well . . . Yes, I'm the host, so what can I do?
(*Pause*)

103

I've only one suggestion. I hope no one will object . . . It was just the men who threw the stones. The women didn't.

ANVAR

What good will that do?

DOSBERGEN

I don't know . . .

GULZHAN

It's so awful! It's awful!

YOSIF TATAEVICH

I tell you . . . I made a big mistake when I came here to Mount Fuji. But I'm not going to make it any worse now. I don't want to be mixed up in this business and I don't intend to answer questions in front of some low-ranking country policeman. I won't answer any questions until I consult the minister. There's only one thing I can promise. I'll go straight into town and do everything possible to try and smooth things over.

ISABEK

Oh hell! It's so idiotic . . . I just don't know what to do. At two o'clock this afternoon I have to be at the airport. I'm meeting a delegation from abroad.

ANVAR

I'm on duty today. Any minute they might need me urgently. I ought to be going.

GULZHAN

(*She whispers, shaking her head from side to side*)
It's so awful! It's so awful! There's a woman lying down there dead. A human being has been killed because of us. And you don't want to know anything about it. You don't want to take the responsibility! You don't even have the courage to say

you're sorry, to fall on your knees and ask for forgiveness! She's been killed, killed, and all you do is run away like rats from a sinking ship. My God, what people, what petty, mean, rotten, cowardly little people!

ISABEK

Stop that and be quiet! This is no time for hysterics. I'm leaving. You do what you want. Either stay or come with me now.

YOSIF TATAEVICH

Calm down . . . Don't panic. I will repeat what I just said. I will go to town to take certain steps. Come on, Isabek, the cars are waiting down the hill.

ISABEK

Gulzhan, I'm telling you for the last time, hurry up!

GULZHAN

Why does fate do this to me, why does it do this to me?

(YOSIF TATAEVICH, ISABEK, ANVAR, *and* GULZHAN *move off quickly down the slope*)

DOSBERGEN

Well, that's that.

(*He follows them*)

ALMAGUL

Where are you going, Dosbergen?

DOSBERGEN

I've got things to do, urgent things to do.

(*He runs away. Pause*)

ALMAGUL

So here we are, alone on Mount Fuji . . . I knew it wasn't you who betrayed Sabur.

(*Pause*)

What a terrible day it's been . . .

MAMBET

I suppose if we didn't have such days, life would have no meaning . . .

    (DOSBERGEN *appears in the distance*)

ALMAGUL

Dosbergen's coming back. That means he's not the one either. Please, God, don't let me be wrong . . .

C U R T A I N

Восхождение на Фудзияму

Драма в двух частях

Чингиз Айтматов и
Калтай Мухамеджанов

Действующие Лица

ДОСБЕРГЕН МУСТАФАЕВ, агроном совхоза

АЛМАГУЛЬ, его жена, учительница географии

МАМБЕТ АБАЕВ, учитель истории

АНВАР, его жена, врач

ОСИПБАЙ ТАТАЕВ, он же **ИОСИФ ТАТАЕВИЧ,** доктор наук

ИСАБЕК МЕРГЕНОВ, писатель, журналист

ГУЛЬЖАН, его жена, актриса

АЙША-АПА, старая учительница, бывший директор школы-интерната

РАБОЧИЙ ЛЕСХОЗА

ШОФЕР

Часть Первая

На фоне далекой гряды снежных вершин перед нами макушка зеленой горы. Рядом — край скалистого ущелья. Где-то на дне ущелья протекает небольшая речка. Видимо, там, внизу, есть подъезд к горе.

В разгаре летняя пора. Близится к концу субботний день.

Судя по всему на эту гору люди приходят редко. Растительность не тронута, гора местами обрывистая, местами заросшая кустарником и кривыми соснами. Вокруг никого не видно...

Но сегодня здесь оживленно. Сюда по приглашению Досбергена приехали наши герои, бывшие однокашники и однополчане, давнишние друзья. Все они, за исключением Осипбая, или, как его еще зовут, Иосифа Татаевича, в загородной одежде, в походной обуви. Верный себе и занимаемой должности, Иосиф Татаевич и здесь в отутюженном костюме, при галстуке, на шее транзистор, который он то и дело настраивает.

Женщин не видно. Они подъедут попозже. А мужчины тем временем заняты установкой палатки.

МАМБЕТ

(*натягивая край палатки*)

Досберген, чуть левее держи. А ты, Осипбай... Иосиф Татаевич, не трогайся с места, стой там.

ИОСИФ ТАТАЕВИЧ

(*поправляя галстук*)

Так, так, стою. Только ты зови меня или Осипбаем, или Иосифом Татаевичем.

МАМБЕТ

Это не так просто. Раньше ты был Осипбаем, всю войну был Осипбаем, для меня ты и сейчас Осипбай, но поскольку теперь всюду тебя величают Иосифом Татаевичем, то и я, следуя...

ИОСИФ ТАТАЕВИЧ

Ты хочешь сказать — официальному обращению?

МАМБЕТ

(*смеется*)

Бери выше. Гласу народному.

ДОСБЕРГЕН

Потом будете выяснять.

(*Исабеку, который выглядывает из-за угла палатки*)

А ты тянешь куда-то не туда. Бывалому журналисту не к лицу. Видишь, на перекос идет.

ИСАБЕК

Нет уж, извини. Если бог лишил вас всех глазомера, то я не виноват. Я как раз держу ровно, а ты — косо.

МАМБЕТ

Да уж насчет глазомера куда нам. С тобой не потягаешься.

ИОСИФ ТАТАЕВИЧ

Кажется, тут привязь коротка. До колышка не достает. Как быть?

ДОСБЕРГЕН

Надставим галстуком доктора наук.

ИОСИФ ТАТАЕВИЧ

Ну, это уж слишком!

МАМБЕТ

Да не дергайся ты, Ос... Иосиф Татаевич! Главное, чтоб колышек крепко держался. А привязать найдется чем. А теперь пусть каждый определит место и забьет колышек.

ИСАБЕК

Ну, есть. Начали.
(*Суетятся. Каждый ждет молота, вбивает колышек. Натягивают палатку. Дело идет к концу*)

МАМБЕТ

Ну вот, кажется, что-то получается.

ИОСИФ ТАТАЕВИЧ

(*отдуваясь*)

Уф... Никогда не думал, что поставить палатку стоит столько хлопот.

ДОСБЕРГЕН

Это мы вчетвером. А как наши предки? Помню, мать с детишками одна соберет-разберет юрту. А ведь юрта по сравнению с палаткой — целый дом.

МАМБЕТ

(*оглядывает палатку*)

Ну, кажется, все, полный порядок.

ИСАБЕК

И главное — обошлось без галстука доктора наук.

ИОСИФ ТАТАЕВИЧ

Вот то-то.
(*Осматривается вокруг*)

Боже, красота какая вокруг! Нет, не зря мы лезли сюда. Чудо... Высота такая. Будто летишь на самолете.

ИСАБЕК

Точно. Здесь мы на самой высокой точке. И как мы прежде не замечали. Ведь это сказочно.

МАМБЕТ

Мало ли чего мы не замечали прежде.

ДОСБЕРГЕН

Ну, тогда не было такого транспорта. Из города сюда пешком — целый день ходу. А теперь сел в машину — и через час уже здесь. Двадцатый век.

ИОСИФ ТАТАЕВИЧ

Да, джигиты, в замечательное время мы живем. Слушай, Досберген, что за аул вон там внизу, в долине?

ДОСБЕРГЕН

Так это наш совхоз. Мы же проезжали через него.

ИОСИФ ТАТАЕВИЧ

Ах да! Интересно — видят ли люди оттуда нас на горе?

ДОСБЕРГЕН

Ты как думаешь, Исабек, у тебя ведь глазомер от бога?

(*Самодовольно улыбаясь, тот пожимает плечами*)

МАМБЕТ

(*Иосифу Татаевичу*)
Вряд ли вы с Исабеком доступны взору простых сельских жителей.

ИСАБЕК

Ты всегда был задирой, Мамбет.

ДОСБЕРГЕН

А он прав. Если бы я не настоял, вы оба и в этот раз не осчастливили бы эту гору своим присутствием.

114

ИОСИФ ТАТАЕВИЧ

Служба, джигиты, служба. Кому не хочется отдохнуть в кругу друзей, но...

ИСАБЕК

Надо войти в положение горожан. Вот ты, Досберген, агроном, а ты, Мамбет, учишь детей. У вас, сельских жителей, куда больше времени. Завидую вам. А мы как белка в колесе...

МАМБЕТ

Ну да, потому ты и катаешь свои статьи с такой скоростью, что мы тут не успеваем их прочитывать.

ИОСИФ ТАТАЕВИЧ

Каждому свое, джигиты. Кто умеет — тот умеет.

ИСАБЕК

Ничего не скажешь. Слова разумного человека.

МАМБЕТ

Ваша взяла, товарищ журналист.

ИОСИФ ТАТАЕВИЧ

Видного писателя называть журналистом не очень-то... Называй хотя бы журналистом-международником. В Москве, например, международники в большом почете. Это и понятно. А у нас международников раз-два и обчелся. И то...

ДОСБЕРГЕН

    (*перебивает*)

Эх, черт... А ведь я тоже просто журналистом назвал. Выходит, умалил по невежеству своему.

ИСАБЕК

Да оставьте, ребята. Я бы ничего, только вот Мамбет... Мало ему древней и средней истории, он еще и литературу судит, за жабры берет.

МАМБЕТ

(посмеиваясь)

У тебя учусь. Не так ли?

ИОСИФ ТАТАЕВИЧ

(настраивает транзистор)

Так, не так... послушаем лучше, что скажут другие.

ТРАНЗИСТОР

...в остальных районах области ожидается облачная погода, местами дожди.

ИСАБЕК

Вот те раз!

(Все смотрят на небо)

ДОСБЕРГЕН

Не беда. Палатка у нас для чего? А потом, эти синоптики великие путаники.

ИСАБЕК

А я, например, не прочь, чтоб ночью дождь брызнул. Лежишь себе в юрте или в палатке, а сверху дождь шуршит. И забываешь обо всем, грезишь о далеких мирах.

МАМБЕТ

А помнишь, Исабек?

> Средь бела дня вдруг хлынет дождь,
> Исхлещет нашу юрту яро,
> Мокрой шерстью запахнет,
> В очаге тлеет хвощ.
> Так уютно мне в юрте твоей
> На коленях твоих бывало!..
> Мама, как мне вернуться к тебе
> В твою юрту, под дождь шелестящий,
> К твоим сказкам и далеким раскатам обвала?

116

ИСАБЕК

...Юрты нет уж давно.
И тебя нет на свете давно.
Только дождь здесь, в горах,
Прошумит как бывало.

*(Все молчат. Вспоминают о чем-то. Первым наруша-
ет тишину Исабек)*

Да, сколько лет прошло... Лет двадцать пять, а то и
больше. Жаль, черт возьми.

МАМБЕТ

Давно это было. А помнишь, как ты громил эти стихи
на нашем литературном кружке в школе? Черт возьми!
Сколько разных слов ты знал уже и тогда: «Идеализа-
ция жилища проклятого феодального прошлого». Мы
даже испугались!

(Все смеются)

ИСАБЕК

Мальчишками были. А время какое выпало... На руинах
поднимались. Лучше вспомни, как мы потом подружи-
лись с ним! Водой не разольешь. Я всегда говорил —
он был самым талантливым среди нас.

ИОСИФ ТАТАЕВИЧ

Да, джигиты, иногда начинаешь верить в судьбу. Кто
бы мог подумать, что такое случится, Хотя, конечно,
без причины нет следствия...

ДОСБЕРГЕН

Оставьте на сегодня эти умные разговоры. Подумайте
лучше, как встретить наших женщин — чтоб это было
достойно восхождения на Фудзияму.

ИСАБЕК

Алмагуль так назвала эту гору?

117

ДОСБЕРГЕН

Она. А кто же еще?

ИСАБЕК

Молодец! Приятно, наверное, иметь жену-географа.

ДОСБЕРГЕН

Не сказал бы. Она тут всем кочкам названия свои дала. Топонимика, видишь ли. Ребят замучила, на экскурсии все водит. А я долго не мог выговорить. Дома смеху было... Трудное для нас это слово — «Фудзияма». Говорю ей: «Назвала бы уж как-нибудь по-нашему, по-своему». А она: «Нет, тут, — говорит, — свой смысл есть. Фудзияма — значит священная гора».

ИОСИФ ТАТАЕВИЧ

Я узнал об этом в прошлом году, когда побывал в Японии. Видел даже Фудзияму издали.

ИСАБЕК

Насколько мне известно, каждый истинный буддист должен хоть раз в жизни подняться на священную Фудзияму, чтобы поразмыслить там с богом о житье-бытье человеческом. Выражаясь современным языком — представить отчет свой богу.

ДОСБЕРГЕН

Религия! Чего только не придумают разные там священнослужители.

МАМБЕТ

Да нет, дело тут не в священнослужителях. И религия тут ни при чем. Просто человеку нужно хоть раз в жизни остаться наедине с собственной совестью. Вдали от житейской сутолоки.

ИСАБЕК

На Фудзияму поднимаются не для разговора с самим

собой. Человек идет туда поклониться богу. Бог высоко, человек ползет к нему снизу, как муравей, как червь. Жалкий, несчастный, он просит прощения за грехи и так находит оправдание себе. В этом великая живучесть человека.

МАМБЕТ

У тебя представление о боге как у средневекового крестьянина: бог — наверху, человек — внизу. А если бог — это форма общения человека с самим собой, со своей совестью? Может быть, великая живучесть человека именно в том и состоит, что не всегда и не все он может простить себе...

ИСАБЕК

Но позволь. Идеалисты утверждали...

ИОСИФ ТАТАЕВИЧ

Да бросьте, ребята. Какой-то странный разговор завели вы. Выходит, мы все должны верить в бога? Извините — мы все здесь атеисты.

ДОСБЕРГЕН

Постойте, ребята. Помните, когда мы попали на фронт, первым среди нас заговорил о боге Сабур. Вы помните его стихи там, на Висле? А до этого он вместе с нами распевал в школе на марше. Как же это было?...

«А ну-ка, бог, а ну-ка, бог,
Я плюну тебе в рожу».

А дальше позабыл, что-то вроде... «Сдеру с тебя кожу».

МАМБЕТ

Ерунда какая-то. Детство.

ИСАБЕК

Представь себе, это были стихи одного известного поэта. Старик и сейчас жив.

ДОСБЕРГЕН

Да я не об этом. Я о другом. О стихах Сабура на Висле. О боге. До меня не доходило, но, мне кажется, он тогда что-то уловил. Ты не помнишь, Мамбет? В общем, там...

МАМБЕТ

За точность не ручаюсь. Но смысл такой, что «твой бог это совесть твоя, на которую надеются люди, на которую рассчитывает мир...» Кажется, так.

ИСАБЕК

У меня они где-то записаны. Но что толковать? Пропавший, загубленный талант. Дико.

(Умолкают в задумчивости)

ИОСИФ ТАТАЕВИЧ

(тихо, с несвойственной для него кротостью)

А мне больше всего нравились его стихи о любви. Песни.

(П а у з а. Точно спохватившись, добавляет жестко)

Сам виноват.

(Наступает тягостное молчание. И в этот момент доносятся снизу приближающиеся женские голоса)

ДОСБЕРГЕН

(оживленно)

О, наши ханумы! Значит, приехали, надо встречать.

(Все направляются в ту сторону)

А вот и они...

(Алмагуль, Анвар, Гульжан несут сумки с провизией и прочими вещами. Шофер тащит самовар. Мужчины бросаются им помогать)

ГУЛЬЖАН

(с игривой, но довольно ясной укоризной)

Бессовестные. Нет, чтобы встретить внизу.

ИСАБЕК

Прости, дорогая, заняты были палаткой. Добро пожаловать на Фудзияму, прелестные сеньориты, то бишь ханумы. Добро пожаловать в королевский шатер.

ДОСБЕРГЕН

(*отводит шофера в сторону, берет у него из рук самовар*)

Ты сейчас езжай. К нам домой должна подъехать Айша-апа. Привезешь ее сюда, потом увезешь, и ты свободен. Есть? Мы здесь всю ночь будем, до утра. А может, еще и на целый день останемся. Ясно?

(Шофер *кивает головой. Уходит*)

(*Не выпуская из рук самовара, расшаркивается, показывает женщинам палатку*)

О высокочтимые! Счастлив сообщить, что ваше задание с честью и своевременно выполнено. Шатер готов, а в шатре, как известно, и с мужем рай.

ИОСИФ ТАТАЕВИЧ

Пай-пай-пай! Вот уж не знал, что ты такой мастер заговаривать зубы.

АНВАР

Делов-то одна палатка, а разговоров... Представляю, что было бы, если б удалось вам сделать для нас нечто большее.

МАМБЕТ

На Фудзияме принято воздерживаться от критики, Анвар.

ИСАБЕК

Тем более, Анвар-ханум, твой муж по этой части преуспевает за двоих.

ГУЛЬЖАН

(*любуясь видом*)

Как здорово. Потрясающе! Какие дали с высоты!

Фудзи поднимается над морем синим,
Как ступенька в мир небесной чистоты.
Там живут, на той вершине снежной,
Над землей вознесшие чело жрецы.

А чьи стихи — не помню...

АЛМАГУЛЬ

Японские...

ГУЛЬЖАН

Ты права, Алмагуль, на Фудзияме, наверное, вот так и должно быть. Колоссально.

ИСАБЕК

(*усмехаясь*)

А ты знаешь, что на Фудзияме человек должен открыть все тайники души своей? На то она и Фудзияма.

ГУЛЬЖАН

Готова к исповеди перед богом хоть сейчас. Но сначала вы, мужчины, попробуйте. Не так ли, женщины?

АЛМАГУЛЬ

Разумеется, нам бы хотелось знать, чего стоят наши мужья.

АНВАР

Святая наивность! Они ничего не стоят. Торбы с прорехами.

ДОСБЕРГЕН

Не спеши с выводами, Анвар. Это мы выясним. Самое главное, чтобы Гульжан не утаила, сколько джигитов вздыхало по ней до того, как они поженились с Исабеком.

122

ГУЛЬЖАН

Это не задача. Могу назвать и тех, кто вздыхает и поныне.

АЛМАГУЛЬ

Верно, Гульжан, проучи их.

ИСАБЕК

Нас уж учил тут уму-разуму Мамбет, но мы готовы к более трудным испытаниям.

АНВАР

Если человек всю жизнь, до самых седин только и знает, что учит в школе сопливую ребятню, у него вырабатывается привычка постоянно учить, постоянно назидать, как дервиш ордена аскетов. Я надеюсь, вы поймете трагедию...

ИОСИФ ТАТАЕВИЧ

Мамбет, дорогой, что с ней, что с Анвар твоей сегодня?

МАМБЕТ

Ничего. Просто не надо слишком долго работать учителем.

ДОСБЕРГЕН

(*прерывает их, громко обращаясь ко всем*)

Друзья, на Фудзияме мне нечего скрывать. Ни от бога, ни от вас. Потолок философии моей — бытие определяет сознание. А потому давайте сначала выпьем и закусим во славу аллаха, а потом уж будем рассуждать о высоких материях. Пока женщины готовят достархан, мы, я думаю, сходим к ручью, руки помыть.

ИОСИФ ТАТАЕВИЧ

Наконец-то. Давно замечено — чистый воздух на лоне природы способствует отличному аппетиту. Пошли.

(*Мужчины удаляются*)

ГУЛЬЖАН

(иронично, вслед)

О боже, откуда они постигают такие премудрости?

АНВАР

В том петушиное качество мужчин. Им обязательно надо покрасоваться перед женщинами. Гульжан, милая, ты это оставь, лучше вот протирай посуду. Все же ты знаменитость среди нас.

ГУЛЬЖАН

Скорей неудачница. Не исполнилась ни одна мечта, ни единой цели не достигнуто. Жизнь утекает между пальцами... Постой, чьи же это слова?

АЛМАГУЛЬ

Что ты это вдруг?

ГУЛЬЖАН

Да так.

АНВАР

Муж писатель, жена актриса. Чего еще?

ГУЛЬЖАН

При чем тут муж? В искусстве каждый отвечает за себя.

АЛМАГУЛЬ

Не хочешь ли ты сказать, что кто вне искусства, тот не отвечает сам за себя.

ГУЛЬЖАН

Да нет, Алма. Я думаю совсем о другом. У меня своя печаль. Когда-то мечтала — Дездемона, Мария Стюарт, Клеопатра. Вот образы, ради которых жизни не жалко. Потому что это вершина великих трагедий. Человечество глядит в дали прошлого, чтобы осмыслить настоящее. Я хочу играть трагедию. Я хочу подняться на эти вершины, но театру дела нет. Пока что я подвизаюсь в ролях современных пьес. А что современные пьесы? Смешно. А ведь годы идут. Мне уже тридцать восемь. А я все играю образы, далекие от искусства. Но все делают вид, что так и надо. Ты понимаешь, что это значит. Когда я думаю об этом, мне становится страшно.

АЛМАГУЛЬ

Но это ты уж слишком. Ты преувеличиваешь. Как бы то ни было, о тебе пишут, тебя знают, Гульжан, любят, ты заслуженная артистка республики. Допустим, ты при этом недовольна собой, но зачем уж такая безысходность?

ГУЛЬЖАН

Вот видишь. Даже ты, Алмаш, светлая голова, даже ты меня не поймешь. Ну, пишут. Ну и что? А где она, моя великая роль? Неужели я так и уйду со сцены, как пустоцвет?

АНВАР

Тебе ли жаловаться на судьбу? Будь ты, как я, районный врач, и чтобы каждый божий день одно и то же: «Открой рот», «Покажи язык», «Дыши», «Не дыши» и чтобы муж твой был школьным учителем...

ГУЛЬЖАН

Мы с тобой говорим о разных вещах, Анвар, дорогая. Абсолютно разных. Ведь ты занимаешься своим настоящим делом. Так? И я хочу заниматься своим настоящим делом. Я говорю о мечте, которая и есть смысл жизни.

АНВАР

«Мечты, мечты, где ваша сладость?...»

(*Возвращаются мужчины*)

АЛМАГУЛЬ

(*Исабеку*)

Слушай, товарищ писатель, как ты можешь спокойно взирать на страдания своей жены? Когда ты напишешь вещь, достойную ее мечты?

ИСАБЕК

В своем отечестве пророков нет. Я ли не писал для нее...

ГУЛЬЖАН

То, что ты пишешь...

ИСАБЕК

Договаривай. Если хочешь, то, что я пишу, — это веление времени.

ГУЛЬЖАН

Кто бы тебе ни велел, выше публицистики ты никогда не поднимешься.

ИСАБЕК

Я не классик, но для нее никто не классик.

ИОСИФ ТАТАЕВИЧ

Кому верить? Твоей жене или критикам.

ГУЛЬЖАН

Себе надо верить прежде всего.

МАМБЕТ

(*восхищаясь*)

Ну и Гульжан! Будь милосердной.

ИСАБЕК

Однако же все это вполне в твоем духе.

ДОСБЕРГЕН

Товарищи! Товарищи! Пока не развернулись баталии местного значения, прошу к столу. Так сказать, занимайте места.

ИСАБЕК

(*облегченно*)

Ну вот, это вернее всего.

(*Все садятся по краям скатерти, разостланной на кошме*)

АЛМАГУЛЬ

Не судите строго. Здесь не дома, но самовар свой я захватила.

ГУЛЬЖАН

Как тебе не стыдно!

АЛМАГУЛЬ

Что может сравниться с этой красотой вокруг!

ИСАБЕК

Горячо поддерживаю. Сегодня мы на горе поэзии. Было бы преступно, приехав в аул, сидеть в доме.

ДОСБЕРГЕН

Точно. А теперь, для полноты нашего общего счастья, необходим тамада. Чтобы еще раз подтвердить эмансипацию женщин на Востоке, предлагаю тамадой нашей встречи Гульжан. Если ты не против...

ГУЛЬЖАН

Пожалуй, мне неудобно... Здесь есть хозяйка, Алмагуль. Что она скажет?..

АЛМАГУЛЬ

Нет-нет, у тебя это гораздо лучше получится.

ИОСИФ ТАТАЕВИЧ

Быть тамадой — очень большая ответственная должность.

ГУЛЬЖАН

Могу уступить.

ИОСИФ ТАТАЕВИЧ

Ой, что ты. Будь добра, повелевай нами. Молчу.

ГУЛЬЖАН

Так и быть. Попробую и эту роль.

ИСАБЕК

А вдруг ты в ней найдешь свой идеал.

ГУЛЬЖАН

    (*с иронией*)
Что б ты ни говорил, драгоценный мой муж, я никогда не признаю тебя гением.

ИСАБЕК

Лишь бы народ признавал. С меня и этого достаточно.

ГУЛЬЖАН

Глупцы всегда найдутся.

ИСАБЕК

Нас ты ничем не удивишь. К тебе уж все привыкли.

ДОСБЕРГЕН

Прошу внимания. Тамада приступает к руководству.

ГУЛЬЖАН

С чего начать? Налейте первые бокалы.
    (*Все наливают, закусывают:*
— Мне сухого...
— Ну, и это хорошая вещь.
— Вкусно.
— Вина или водки?
    Внизу, под горой, раздается сигнал автомашины)

ДОСБЕРГЕН

Это еще что? Я ведь просил не тревожить нас, чтобы ни одна муха не пролетела...

ИСАБЕК

Неужто эта гора в твоем личном распоряжении, Досберген?

ДОСБЕРГЕН

(*шутливо*)
Территория совхозная, но гора моя, вернее — моей
жены. Это ее географическое открытие. Однако кто же
это? Чего им тут надо?
(*Встает, машет рукой в ту сторону. Кричит вниз*)
Эй! Чего вы там? Тут проход запрещен.
(*К ним приближается пожилая седая женщина в со-
провождении Шофера. Это* Айша-апа)
Ой, извините, Айша-апа, я не сразу узнал. Ура! Ура!
Айша-апа приехала.
(*Все встают, встречают* Айша-апу)

АЙША-АПА

(*с трудом переводит дыхание*)
Здравствуйте, дорогие. Уф, задыхаюсь. Годы уже не
те. А тут еще испугалась, думаю — не туда попала.

ДОСБЕРГЕН

Да это я дурака свалял. Извините, Айша-апа.
(*Шоферу*)
Спасибо тебе.
(Шофер *уходит*)

ИСАБЕК

Вот это да... Как здорово, Айша-апа, что вы приехали.

АЙША-АПА

Да я и на край света приехала бы ради вас, дети мои.
Так давно не видались, не бывали вместе. Сколько лет...
Как же я могла не приехать?

ИОСИФ ТАТАЕВИЧ

Проходите сюда, на почетное место. Садитесь, Айша-апа. Рад вас видеть, Айша-апа.

АЙША-АПА

Спасибо, Осипбай. А ты все такой же.

ИСАБЕК

Познакомьтесь, Айша-апа. Эта приятная женщина Гульжан — ваша невестка в моем доме. Остальных вы знаете.

АЙША-АПА

Счастье тебе, Гульжан, милая. Хоть мы и не были знакомы, тебя-то я знаю. Кто не знает? Часто по телевизору вижу.

ГУЛЬЖАН

О вас я много наслышана, Айша-апа, спасибо, что вы приехали.

АЙША-АПА

Когда Алмагуль мне позвонила и сказала, что все соберетесь на этой горе — я страшно обрадовалась.

ДОСБЕРГЕН

Но это и моя идея!

АЙША-АПА

Не сомневаюсь, Досберген, дорогой. Ты и машину прислал за мной к автобусу — из города-то я на автобусе ехала. Битком набито, столько отдыхающих едет. Ну вот я и добралась, слава богу!

МАМБЕТ

Теперь чаша наша полна в буквальном и переносном смысле.

ИОСИФ ТАТАЕВИЧ

Товарищ тамада! Прошу слова.

130

ГУЛЬЖАН

Слово имеет товарищ Татаев.

ИСАБЕК

(*тихо*)

Ты его должность объяви и звание.

ГУЛЬЖАН

Разве? Слово имеет директор института, доктор наук...
    (*Тихо*, Исабеку)
Доктор каких наук?

ИСАБЕК

(*тихо*)

Исторических. Неужели трудно запомнить?

ГУЛЬЖАН

Представь себе, столько наук ныне на свете и столько при них ученых...

ДОСБЕРГЕН

Но Осипбай не из тех. Он уже в членкоры намечается.

ИОСИФ ТАТАЕВИЧ

Ой да оставьте вы все это! В присутствии Айша-апы я просто Осипбай. И прошу называть меня — Осипбай.

МАМБЕТ

Тебя не поймешь. То ты так, то ты этак.

ИОСИФ ТАТАЕВИЧ

Ладно уж... Я вот что хочу сказать... Сегодняшняя наша встреча — это праздник, товарищи! На двадцатилетие Дня Победы я впервые собрал всех вас, и с того началось. Вас, Айша-апа, я тогда не мог разыскать, вы оказались в отъезде. И вот сегодня в гостях у Досбергена и Алмагуль представляется мне случай отблагодарить вас за все то хорошее, что сделали вы для нас в годы учебы в школе. Теперь вы заслуженный педагог республики, мы тоже заняты важными делами...

ДОСБЕРГЕН

При чем тут твои важные дела? Вспомни о чем-нибудь другом, Осипбай.

ИОСИФ ТАТАЕВИЧ

Если бы это было на Ученом совете, я тебя выставил бы за дверь.

(*Все смеются*)

МАМБЕТ

Хорошо, что мы не на Ученом совете, а на горе Фудзияма. Извини, Осипбай, я тоже сижу и вспоминаю. Когда мы учились в шестом классе, наша Айша-апа взяла да вышла замуж за учителя истории Эрдея Хасановича. Ох, как мы ревновали ее! Дико просто. Я, например, перестал посещать уроки ее мужа, но потом мне влетело. Мы еще не понимали, что между женщиной и мужчиной может быть любовь. И мы вашу любовь сочли изменой.

ГУЛЬЖАН

А муж ваш жив?

АЙША-АПА

Нет, он погиб под Сталинградом.

ИОСИФ ТАТАЕВИЧ

Замечательный был человек!

АЙША-АПА

Дело прошлое. Но он всерьез переживал, когда ребята были неприветливы с ним, просил даже: «Ну, скажи ты им, чтоб они не сторонились меня. Ведь не похищаю я тебя у них».

ИСАБЕК

Мы не зря ревновали нашу Айша-апу. Для многих джигитов она была мечтой желанной.

МАМБЕТ

Айша-апа, недаром ведь исстари говорят: беда лисицы в красноте, беда девицы в красоте.

ИОСИФ ТАТАЕВИЧ

Так вот, Айша-апа, за вас, за педагога! За материнское сердце ваше, за ваше здоровье!

АЙША-АПА

Спасибо, дорогие.

ИСАБЕК

А сына вашего я видел. И не узнать — такой стал видный, подтянутый.

АЙША-АПА

Похож на отца?

ИСАБЕК

Вылитый.

АЙША-АПА

Он в Караганде живет с семьей. Двое внуков уже у меня. А я и говорю им, молодым, — невестка у меня понятливая, хорошая, — рожайте еще, буду помогать, воспитывать буду. Мы ведь из-за войны детей-то не народили. Когда муж уходил на фронт, очень сожалел, что сын у нас один. Сбереги, говорит, сына, а то оборвется нить наша земная, жизнь смысл потеряет. И еще сказал: «Когда доживешь до внуков, считай себя счастливой, не жалей ни о чем». Все наказывал, чтоб я книги его сохранила для сына. Больше, говорит, мне нечего завещать. Как знал, что не вернется.

    (*Молча пьют*)

Все было. Все было. И любовь, и семья. Только скоро кончилось. Значит, судьба у меня такая... Смотреть на вас, молодых, и радоваться. Не зря жила на свете.

ГУЛЬЖАН

(мужу)

Эх вы, писатели... Только место занимаете в литературе. Цейлонские, непальские, эфиопские и прочие путевые заметки — то, что спокойно можно прочесть в справочнике, — вот ваши творения.

ИСАБЕК

Что ты этим хочешь сказать?

ГУЛЬЖАН

Где ваши книги, потрясающие сердца? Где наши судьбы, разверзнутые как океан в бурю? Мы не «Шекспиры», — знаю ваше мертворожденное оправдание. Где слово, что дышит на страницах, как зверь, бегущий через чащу?

ИСАБЕК

Ты не на сцене, не играй.

ГУЛЬЖАН

Это ты не играй в литературу. Я-то свое сыграю. Дайте мне мою настоящую роль, и я умру на подмостках. А ты? Ты сможешь жизнь отдать ради того, что ты делаешь?

ИСАБЕК

Я уже отдавал свою жизнь, возможно, и ради тебя. Не смей мне так говорить.

АЛМАГУЛЬ

Зачем ты так, Гульжан?

ГУЛЬЖАН

Я говорю об искусстве. Не надо искажать смысл разговора.

МАМБЕТ

А я согласен с Гульжан.

ИСАБЕК

Еще бы. Критиковать легко...

МАМБЕТ

Дело тут не в критике. Мы должны быть уверены, что прожитые нами годы войдут в большую литературу, как опыт поколения. Как мы жили? Так ли надо жить после нас? Ответить на это может литература и только литература...

АНВАР

О боже милостивый! Опять он учит, опять наставляет.

ИСАБЕК

Спасибо на добром слове о литературе. Боюсь только, что литературе такой груз не по плечу. Есть более могучие исторические силы, которые вершат наши судьбы. А что литература? Что она может?

МАМБЕТ

Мы уже не молоды, Исабек. Не хотелось бы мне предстать перед будущим с той литературой, которая ничего не может. А ведь мы прожили великие времена. Я не хочу, чтобы Айша-апа, например, была забыта или превращена в сусальный образ. Вот о чем речь. Потомки умеют не только ценить, но и судить.

ГУЛЬЖАН

Вот это я понимаю — мужской разговор. Так и надо на Фудзияме: перед собой, перед богом — представим себе, что он есть, — говорить только правду. Исповедоваться. И для Айша-апы это будет интересно. Начнем с тебя, Иосиф Татаевич.

ИОСИФ ТАТАЕВИЧ

Я же просил называть меня Осипбаем.

ГУЛЬЖАН

Извини. Начнем с тебя, Осипбай. Ты тут самый главный по должности.

ИОСИФ ТАТАЕВИЧ

Да дело не в этом... Я уже слово держал. А поэтому...

АЛМАГУЛЬ

Полный счет. Айша-апу интересует другое.

ИОСИФ ТАТАЕВИЧ

Не смею возражать... Так вот, Айша-апа, после того как вы проводили нас на фронт, прошло столько лет, целая жизнь. Сначала мы учились в артиллерийском училище, потом воевали, а потом вернулись.

АНВАР

Слишком общие слова. И вообще, ты не туда поехал, Осипбай. Каждый — о себе, о делах своих. Не так ли?

АЙША-АПА

Во-во-во! Лучшей песни для меня не надо. Как живете, чему радуетесь. Мне все интересно про вас знать.

ИОСИФ ТАТАЕВИЧ

(*поправляя галстук*)
Значит, о себе...

МАМБЕТ

Ты затрудняешься?

ИОСИФ ТАТАЕВИЧ

Нет. Но насколько я понял, разговор начинает сам тамада. Тамада должен тон задать.

ИСАБЕК

Давайте я начну.

(*Все скандируют:* «Та-ма-да! Та-ма-да!»)

ГУЛЬЖАН

Ах вот как! Ну, за мной дело не станет. Так и быть, начну первой.

(*Обращаясь к Айша-апе*)

Кстати, и вы узнаете, что за личности ваши невестушки.

АЙША-АПА

Говори, говори, милая...

ГУЛЬЖАН

Итак, я актриса. Теперь меня все знают. А в годы войны, в сорок четвертом, молоденькой девчонкой работала я на швейной фабрике. И там я совершила свою первую кражу.

ИСАБЕК

(*возмущенно*)

Что она болтает! Неужели тебе больше не о чем сказать!

ГУЛЬЖАН

Не мешай! И не стыдись за меня... Нет приличия выше, чем правда. Когда ты говоришь, что моя игра на сцене всего лишь бульон от заячьего бульона, я молчу, потому что ты пишешь — бульон от правды. Я вынуждена играть фальшивые роли. А сейчас я говорю о себе правду и имею на то право.

АЙША-АПА

Не стыдись, милая. Мы здесь свои.

ГУЛЬЖАН

Эту кражу я совершила не от хорошей жизни. Мать больна, братишки маленькие. Жили на хлебные карточки. И однажды пришла похоронная на отца. Соседи стали заходить к нам, соболезновать. Обычай предков велел почтить память погибших хотя бы чашкой похлебки. А мать еле ходит. И тогда я надела на себя две гимнастерки и вышла с фабрики. Продала их на базаре, купила хлеба, картошки, муки немного. Собрала соседок и устроила поминки по погибшему отцу... Но когда я думаю теперь об этом, мне так стыдно, так скверно на душе... Если есть на Фудзияме бог справедливости, пусть простит мне этот проступок.

ИСАБЕК

(*гневно*)

Валяй, валяй! Какие еще грехи на твоей совести?

ГУЛЬЖАН

Скажу и об этом... Я начинала в кружке фабричной самодеятельности, после войны училась в театральном училище. И вот тогда я встретила этого типа.

ИСАБЕК

Ничего себе! Другая женщина за «такого» типа три раза в день богу поклоны била бы!

ГУЛЬЖАН

А я бы и пальцем не пошевелила.

ДОСБЕРГЕН

Товарищи! Товарищи! Вы не забывайте, что вы здесь не одни.

ГУЛЬЖАН

Прости, Досберген, но теперь уже отступать поздно... Юная горячая пора. Словом, вышла я замуж. Он закончил институт, поступил в редакцию, а я в театр. И вот тогда я совершила свою вторую кражу, великий грех мой. В жизни себе не прощу и не посмею к богу обратиться. Он уговорил меня: сейчас мы молоды, надо пожить для себя, успеем еще... А я, дура, послушалась и в этот подлый день... и вот с тех пор...

ИСАБЕК

Да ты напилась!

ГУЛЬЖАН

Да, я напилась — яда собственного, что кровь мою сжигает... Айша-апа, вот вы мать и вы мать настоящая. Скажите, каково мне играть на сцене роль матери, потерявшей на войне сыновей? Ведь даже она счастливее меня — у нее они были, она их потеряла, а я их украла у себя. Ради чего?.. Простите меня, простите, ради бога...

(*С плачем убегает*)

ИСАБЕК

(*обескураженный*)

Извините, с ней такое случается... истерика... Вы продолжайте, не обращайте внимания. Я пойду... приведу ее.

(*Уходит*)

АЙША-АПА

(*с огорчением*)

Ай-ай-ай, это я виновата, испортила вам все.

МАМБЕТ

Да что вы! Вы ни при чем. Не расстраивайтесь, Айша-апа. Это уж у Гульжан такая натура: страдает и говорит правду, опять говорит правду — и опять страдает.

АЙША-АПА

Видно, так и есть.

ИОСИФ ТАТАЕВИЧ

Недаром сказано: «У каждой головы свое несчастье». Без детей, понятно, трудно, но и с детьми сейчас нелегко.

ДОСБЕРГЕН

В этом ты прав. Подростки еще куда ни шло, но трудно понять теперешнюю молодежь. Все-то они знают, все-то они понимают. А им — слова не скажи. «Хватит поучать!» — надоели, видите ли.

АЛМАГУЛЬ

А ты не подумал, почему это происходит? Может быть, ты для них неинтересен, понимаешь? Что ты у них можешь взять? Что ты им можешь дать? У тебя есть для них интересная информация?

ДОСБЕРГЕН

Вон ты куда! Так недолго и до того, что ты скажешь: подавай взаимное обогащение информацией между мужем и женой!

АЛМАГУЛЬ

Да, между мужчиной и женщиной тем более.

ИОСИФ ТАТАЕВИЧ

Извини, непременное условие все же — любовь.

АЛМАГУЛЬ

Да. Любовь, или, как выразился мой муж, — взаимное обогащение информацией.

ДОСБЕРГЕН

Странно... А как же мы с тобой? Вряд ли я обогащаю тебя информацией, я простой агроном.

АЛМАГУЛЬ

Когда-нибудь я тебе скажу об этом, я простая учительница.

ДОСБЕРГЕН

Вот видите, Айша-апа, современные женщины! Эх, в этом смысле феодализм был куда лучше. Муж почитался, ублажался.

АНВАР

Перестань, Досберген, не разжалобишь. Мы почитаем вас настолько, насколько вы заслуживаете.

МАМБЕТ

А как определить, насколько мы заслуживаем вашего почтения? Существует какая-нибудь шкала?

АНВАР

Да. Существует.

ДОСБЕРГЕН

Трудно быть мужем в век научно-технической революции.

МАМБЕТ

Еще труднее — быть самим собой.

АЛМАГУЛЬ

С этим и я могу согласиться.

ИОСИФ ТАТАЕВИЧ

Как это — быть самим собой? Что это вы с Мамбетом мудрите!

АЛМАГУЛЬ

Почему же? В век тотальной стандартизации — это действительно проблема. Не зря над ней социологи бьются.

ИОСИФ ТАТАЕВИЧ

А вам-то что? Ну и пусть. С индивидуальностями возни много. Чему быть, тому быть. Объективное развитие истории неумолимо. Что бы вы ни говорили, будет так, как должно быть.

МАМБЕТ

Но и при этом человек должен хотя бы осмыслить для себя исторический процесс.

АНВАР

Только и делов у тебя — осмысливать исторические процессы. А что толку! История пойдет своим путем, а ты так и останешься при своих интересах и при своей школе.

ДОСБЕРГЕН

Айша-апа, честное слово, я их сейчас сгоню с Фудзиямы. Вы что, пришли сюда дискутировать и мудрить, а мы с Айша-апой должны слушать ваши заумные речи? К черту!

АЙША-АПА

Да оставь ты их в покое, Досберген. Мне тоже интересно послушать.

ДОСБЕРГЕН

Нет, так не пойдет. Я здесь хозяин, а они гости. Гостям положено есть, пить, веселиться. А что получается? Одни сбежали, поссорившись. Эти затеяли научно-социологический спор. А я, бедный, несчастный главный агроном, никого не обогащающий информацией, в стороне? Не стерплю! Извините, пойду приведу сбежавших.

(*Уходит*)

АЙША-АПА

Ах, дети, дети! Никак не могу привыкнуть, что вы уже не те, что были. Да, за временем не угонишься.

(*П а у з а*)

АНВАР

Товарищ директор, Осипбай, дорогой. Пойдем пройдемся, поговорим, а то ведь на прием к тебе не сразу попадешь.

ИОСИФ ТАТАЕВИЧ

Какой вопрос? Ко мне идет любой и каждый. А уж для тебя, Анвар, сам у дверей стоять готов. Но ты ведь не придешь... Пошли.

АНВАР

Мамбет! Ты сам расскажешь Максуде, когда та вер-

142

нется из Москвы, как мы уединялись средь бела дня.

(Мамбет *смеется, кивает головой.* Татаев и Анвар *отходят в сторону*)

Слушай, Осипбай, помог бы ты Мамбету. Мне так хочется в город перебраться. Годы-то идут... Бывает иногда, по телевизору вижу тебя сидящим в президиуме, и так мне обидно становится, как будто вся жизнь по телевизору промелькнула. Издалека, неуловимо манящая иллюзия.

(*П а у з а*)

Помнишь тот вечер? Ты был уже со своей Максудой, а я уезжала на работу после института. Там встретила Мамбета. Если бы ты тогда мне сказал... Но теперь уже поздно вспомнить об этом.

ИОСИФ ТАТАЕВИЧ

(*желая покрасоваться*)

Да, Анвар. Давно уже расставлены мы по своим углам, как мебель. И почему так все? Жизнь — сплошное сожаление. Но что поделаешь? Судьба, Анвар...

АНВАР

Да, конечно, вообще-то, ты и она... Но не об этом я. Надо что-то сделать, как-то убедить Мамбета, чтобы преодолел он свое дурацкое упрямство. Ведь он способный человек.

ИОСИФ ТАТАЕВИЧ

Еще бы. Другой бы на его месте давно бы в академии сидел. Но ты должна понять одно: он бесперспективен. Допустим, я сумел бы походатайствовать, чтобы Мамбета в город переправили, ну, хотя бы завучем. Но не рассчитывай, он в гору не пойдет. Ты же сама видишь, кто он: простой учитель. А какая самоуверенность, какая независимость, во всем суждения свои. Хорошо еще — я школьный друг и вообще я понимаю что к чему. А ведь другой на моем месте и разговаривать не станет.

АНВАР

Что делать? Неисправим он. Дон-Кихот несчастный! Но дело тут не только в нем. Ты понимаешь... Я тебе скажу. Что мне скрывать? Ведь ты мне свой, как бы то ни было. Мне необходимо, чтобы мы уехали отсюда, из этого района, из этой школы. Сдается мне, что между Мамбетом и Алмагуль что-то есть. Я чувствую.

(*Плачет*)

ИОСИФ ТАТАЕВИЧ

Да ну! Не может быть! Да как же так? Ты такая красивая женщина... Чтобы он... Ты уверена в этом? Ты же красавица. Как могло случиться?

АНВАР

Не знаю. Во всяком случае, Алмагуль не случайно бросила сегодня фразу про это взаимное обогащение. Это и его теория.

ИОСИФ ТАТАЕВИЧ

А Досберген догадывается?

АНВАР

Нет, к тому и повода пока не дали. Просто я чувствую. Но ради бога, ведь я только тебе об этом говорю. Ни слова, ни намека. Ради бога!

ИОСИФ ТАТАЕВИЧ

В душе моей рык льва замолкнет и писк лисицы задохнется. Так клялись батыры наши.

АЙША-АПА

(*прерывая разговор*)

Осипбай, дорогой, ты извини, что хочу спросить: а где же твоя жена?

ИОСИФ ТАТАЕВИЧ

Максуда сейчас в Москве, я и забыл вам сказать. Невестушка ваша — химик, поехала по делам диссертации своей. Да, двое детей у нас. Старший уже на третьем курсе института, а дочка в девятом классе учится. Нет, на судьбу не жалуюсь.

АЙША-АПА

Ну что ж, приятно слышать...

ИОСИФ ТАТАЕВИЧ

Пока я директор отраслевого института, в общем работа интересная, ответственная. Но меня уже вызывали на беседу, возможно, предстоят какие-то изменения у меня по службе. От жизни не хочу отставать — диссертацию, стало быть, защитил...

(*Появляются* Гульжан, Исабек, Досберген)

ИСАБЕК

Когда-то один мудрец сказал: «Семейные сцены — капитальный ремонт любви». Воистину так! Очень просим извинить нас.

ГУЛЬЖАН

(*деловито и непринужденно*)

Не придавайте этому особого значения. Капитальный ремонт в нашей жизни довольно частое явление.

АНВАР

Ой да мы давно и забыли! К чему эти разговоры...

ГУЛЬЖАН

Да, да, давайте лучше продолжим наши откровения на Фудзияме... Итак, чей черед сейчас?

ИОСИФ ТАТАЕВИЧ

Может, вполне достаточно будет весело провести время? К чему эта игра?

145

ГУЛЬЖАН

Ах, вот оно как! Значит, я душу нараспашку перед вами, а вы — хорошие, чистенькие — умываете руки? Ну нет, я вовсе не играла и считаю, что никто не имеет права увиливать, поскольку мы так условились... Мы слушаем вас, товарищ Осипбай, товарищ Иосиф Татаевич Татаев, вам слово!

ИОСИФ ТАТАЕВИЧ

Это что — допрос?

ГУЛЬЖАН

Мы ждем.
   (*Тихо*)
Уважай своих товарищей.

АЙША-АПА

Ой да перестаньте так шутить! Осипбай, милый, ты так хорошо рассказывал. Расскажи еще.

ИОСИФ ТАТАЕВИЧ

Ладно. Только ради вас, Айша-Апа. Итак, я доктор наук. Я тут рассказывал о семье своей, о работе... Так вот, значит, Айша-апа, защитил я диссертацию, работаю, как я уже сказал. Жена защищает диссертацию, и сам я уже подумываю об издании новой работы. Все-таки быть ученым издающимся не помешает.

АНВАР

Вот именно — не помешает. Сколько раз я говорила Мамбету: ты посмотри на других, что они — умнее тебя? Сколько из наших знакомых уже защитили диссертации! Ничего, нормально чувствуют себя, прекрасно живут. Что тебе стоит! Так нет, ни в какую! Я, говорит, шабашкой в науке заниматься не буду. Да кому какое дело, лишь бы написал ты на нужную тему!

146

ИОСИФ ТАТАЕВИЧ

Тема, само собой, актуальная должна быть, но главное — собрать материал. Главное — не ошибиться.

МАМБЕТ

Напрасно ты затеяла разговор этот, Анвар.

АНВАР

Ну и учи, учи до самой смерти своей чужих детей в переполненных классах, трепли себе нервы, оставайся в безвестности! Мне в конце концов наплевать! Годы мои ушли, ошибку жизни теперь не исправить.

АЛМАГУЛЬ

А я считаю, что Мамбет прав.

АНВАР

Ну да, вы с ним давно уже спелись.

АЛМАГУЛЬ

Просто каждому свое. Мамбет учит детей в переполненных классах. А Осипбай написал диссертацию: «Интернациональное воспитание трудящихся в южных районах республики». Кстати, а почему в южных? Разве в северных районах какой-нибудь другой метод воспитания? Мне непонятно.

ИОСИФ ТАТАЕВИЧ

(запальчиво)

Да кто говорит, что другой? Просто указан район исследования.

АЛМАГУЛЬ

Исследования? Я читала диссертацию. Перечень мероприятий, изложение газетных статей, статистика смешанных браков, как наивысшего проявления интернационализма. Что же еще?

ДОСБЕРГЕН

(*жене*)

Постой, постой, ты что — всерьез задумала спорить? Так ведь Осипбай сделал степень... ну, для себя... ну, понимаешь... ну, не он один... Ну зачем, ну что ты. Ну оставь...

ИОСИФ ТАТАЕВИЧ

Ничего подобного, я категорически возражаю, ты это брось! Я обобщил важный опыт работы в этой области. Интернационализм — один из важнейших принципов коммунистического строительства.

МАМБЕТ

Бесспорно. Так же бесспорно, как дважды два четыре. Только в чем же состоит твой вклад в науку?

ИОСИФ ТАТАЕВИЧ

Другие люди тоже кое-что понимают. А потом — почему ты берешься судить? Какое ты имеешь отношение к этому вопросу?

МАМБЕТ

Самое прямое. Я, видишь ли, треплю себе нервы в тех самых переполненных классах, как только что тут было сказано. Преподаю историю и всеми силами стараюсь, чтобы история человечества была для них уроком жизни, а не просто — когда какие войны совершались. Я хочу, чтобы мои ученики поняли, как, какой ценой человеческое общество пришло к необходимости интернационального содружества — единственного способа общежития, достойного свободных равноправных людей.

ИОСИФ ТАТАЕВИЧ

Довольно, ты не на школьном уроке! Это и мы знаем. Прописные истины.

148

МАМБЕТ

Грош мне цена, если я провожу уроки так, как ты думаешь. Нет, дорогой, не так-то просто быть школьным учителем. В каждом деле есть своя высшая математика, и, смею заверить, я владею ею в достаточной степени. Между прочим, не плохо, если бы и другие владели высшей математикой, а не выдавали таблицу умножения за науку. И за искусство тоже.

АНВАР

Ах, оставь, сам не умеешь жить, так не советуй другим.

МАМБЕТ

Ну, знаешь...

ИОСИФ ТАТАЕВИЧ

А где ты был раньше? Я всем друзьям и знакомым рассылал свою научную работу, и никто ни одного отрицательного слова. Почему ты тогда промолчал? В науке нет друзей. Почему не приехал и не выступил на Ученом совете? А теперь, видите ли, ты...

МАМБЕТ

Замолчи!

(*Пауза*)

В чем виноват, в том виноват. И если б только этот случай, куда ни шло. Но сколько раз повинны мы в молчании. Да вот хотя бы мы все здесь...

ИСАБЕК

(*с поспешностью*)

Мамбет, ну зачем ты все это так всерьез. Что за привычка к преувеличениям! Боже ты мой, ради чего такие страсти! Ну подумай, жизнь идет, жизнь катится, все мы будем там, где всем нам быть. Зачем же портить настроение себе и близким людям! Подумаешь, вопрос какой — диссертация! В конце концов — есть Ученый совет. Там компетентные люди, они и решают. А нам-то что...

МАМБЕТ

А я думаю, что искренний разговор не помешает в кругу давнишних друзей.

ИСАБЕК

Так, все, моя очередь.

ДОСБЕРГЕН

Эй вы, интеллигенция, довольно, долой ваш интеллектуальный спор! Послушайте меня, создателя материальных благ, потому что без меня вы никто, пустое место. Да не смотрите так на меня! Айша-апа, дорогая, ведь я шучу. И весь их спор — так себе, не переживайте. Мы всегда останемся друзьями, а вы всегда нашей любимой учительницей. Так вот, Айша-апа, о себе. Итак, я главный агроном. Мой коммунизм начинается в моем доме. Дети. Семья. Обуты, одеты, сыты, здоровы — значит все в порядке. Лишь бы войны не было. Никого не обманываю, на работе не жульничаю, воровством не занимаюсь. Живу своим трудом и этим горжусь.

АЙША-АПА

Вот и замечательно! Что может быть лучше, чем гордиться своим трудом.

ДОСБЕРГЕН

И живу неплохо. Дом свой, мебель, ковры, машина. С Алмагуль иногда спорим. Она считает, что я слишком ярый материалист. А как иначе?! В дом агронома приезжают гости, делегации зарубежные. Хозяйство у нас передовое. Мы не хотим, как говорится, выглядеть отсталыми, бедными. Так что это — вопрос политики.

АЛМАГУЛЬ

Ну да, и в результате этой политики наш дом — как мебельный магазин.

150

АНВАР

Молодец, Досберген! Настоящий мужчина! Давай выпьем за таких, как Досберген, за хозяев жизни.

ГУЛЬЖАН

Мне понравилась откровенность Досбергена. Он рассказал о себе без колебаний, без оглядки, ничего не скрывал.

ДОСБЕРГЕН

А что мне скрывать?

АЙША-АПА

(*задумчиво*)

Да, и жизнь течет, и люди изменяются. И не узнаешь... Помню, в школе, среди друзей Сабура, самый неловкий, самый неуклюжий был Досберген.

ДОСБЕРГЕН

Чего удивляться, Айша-Апа, жизнь всему научит. Самый неуклюжий среди зверей медведь, и то за кусочек сахару целый день танцует в цирке.

(*Все смеются*)

ИСАБЕК

Ха-ха-ха, это образно!

(Айша-апа *растерянно смотрит на Досбергена*)

ДОСБЕРГЕН

Ну конечно, Айша-апа, это я для смеха. Медведь сам по себе, а я сам по себе. Пусть такие мыслители, как Исабек, посмеиваются над простаком Досбергеном. Все равно они меня не понимают и недооценивают!

МАМБЕТ

Да, непросто понять простака Досбергена, не так уж он прост.

АЙША-АПА

Любо-дорого на вас смотреть, хорошие мои: вот вы и спорите между собой, и шутите, и слушать вас интересно. Ведь вся моя жизнь, судьба моя, переплелась с вашей. Когда я после педтехникума пришла в интернат воспитателем, мне и восемнадцати не было. Единственный был интернат во всем городе для детей из аулов. А эти четверо учились во втором классе. Всякое бывало, как вспомню...

ГУЛЬЖАН

Во-во-во, об этом и расскажите. А то ведь они выдают себя чуть ли не за ангелов.

АЙША-АПА

Ну какие там ангелы... Отличные они были ребята. В войну директором меня назначили. Ох и хлебнула я горюшка. В сорок втором году, в самую тяжкую пору, вдруг заявляются впятером: «Мы, мол, на фронт хотим». Я за голову схватилась: «Да вы что? Вам всего по семнадцать лет, надо школу кончать». А они уперлись на своем. Сговорились. До этого, оказывается, и в военкомате уже побывали.

ИСАБЕК

Об этом, Айша-апа, расскажите ярче, сильней. А то ведь Гульжан вроде и не верит мне, что такое бывало. Я ведь первый пришел и первый проявил инициативу. Помните, Айша-апа?

АЙША-АПА

Если не запамятовала, то, по-моему, первым был Сабур.

ГУЛЬЖАН

(смеясь)

Ну, вот твоя первая ложь и выявилась.

ИСАБЕК

Ну да, но...

ИОСИФ ТАТАЕВИЧ

Тут спорить нечего. Первым был Сабур.

ИСАБЕК

(Мамбету и Досбергену)
Слушайте, ну вам-то что стоит? Ну, скажите, что это
я был.

МАМБЕТ

Не можем. Выражаясь языком Осипбая — не имеем
морального права. Не мешай.

АЙША-АПА

Дело ведь не в том, кто был первым. Какое это теперь
имеет значение? Все они учились в одном классе, жили
вместе, в одной комнате. И в кабинет ко мне вошли
впятером. А до того Сабур приходил и просил меня,
чтобы я разрешила всем пятерым уйти с уроков по
важному делу. Ну, вот пришли они ко мне: «Апай, у
нас к вам большая просьба». — «Ну говорите, какая
просьба». — Мы были в военкомате, но нас вернули,
сказали, что нужна бумага от школы, что, мол, директор школы не возражает и просит, чтобы их приняли
добровольцами. Направили всех в одну часть и не раз-
лучали потом». Обомлела я, сердце подкатилось к гор-
лу. Как я им могла сказать: идите на смерть? Как я им
могла сказать: останьтесь, пусть другие идут? «При-
ходите завтра», — так им ответила. Осталась одна и
думаю: как быть? Совсем ведь мальчики еще. А если
погибнут? Или вернутся искалеченными? Как же я буду
каяться! Ну, а если сделать так, чтобы ребят не пустили
на фронт? Правильно ли будет погасить душевный

порыв человека — защищать Родину? И так, и этак думала... голова кругом. Вечером пошла в райком, рассказала все. Спрашиваю: как быть? Секретарь райкома отвечает: «Вам виднее». Назавтра они пришли. Я бумагу написала, отослала в военкомат. А потом сама провожала их. Усадила в теплушку всех пятерых. Глянула я на своих, а они там самые молоденькие... Думаю: господи, что же я наделала? Как могла позволить? Всю ночь проплакала. А как перепугалась я, когда приехал дед Сабура. Старый, старый чабан в город на верблюде приезжал. Сабур-то у него единственный внук: отца Сабура — первого тракториста в ауле — сожгли кулаки вместе с трактором. Так вот, глянула я в окно — смотрю, старик на верблюде своем. Ну, думаю, какой же мне ответ держать перед ним? А он, оказывается, извиняться приехал, что не успел проводить ребят на фронт... Вот ведь какие дела-то были. Ни в каких богов никогда не верила, а тут всем богам взмолилась, только одного прошу: чтобы вернулись мои мальчики, остались живы.

(*П а у з а*)

А теперь желаю вам счастья, выплаканные, вымоленные мои ученики. И чтобы все у вас было хорошо. И чтобы дети росли здоровые...

ИСАБЕК

Выпьем за это прекрасное мгновенье, за те, самые лучшие дни нашей жизни!

(*Все чокаются и пьют*)

АЙША-АПА

Смотрю я на вас и вспоминаю Сабура. Уж очень он был славный, особенный...

ИСАБЕК

Ради бога, извините, что прерываю вас, но, пользуясь

случаем, хочу предложить еще один тост... Когда Айша-апа провожала нас на фронт, нас было пятеро, друзей-одноклассников. Тот, пятый, был среди нас самой недюжинной, самой яркой личностью. Да, я не оговорился, именно личностью, хотя ему еще не было и семнадцати. Так вот, друзья, в присутствии нашей Айша-апы выпьем за того, за пятого, за Сабура.

АЙША-АПА

Неудачно сложилась его судьба. Говорят, пьет...

ИСАБЕК

И все-таки я глубоко уважаю его прошлое, вернее сказать, его бывший талант.

АЙША-АПА

Чудные вы были ребята в школьные годы. Помню, в каждом номере стенгазеты Сабур и Исабек выступали со своими стихами. Однажды, кажется, на Седьмое ноября, Исабек взял да и подписал под стихами Сабура свое имя: Исабек Мергенов. Ой, что было!

ИСАБЕК

Мальчишками были, боже мой! Это были проделки, или, как теперь говорится, «провокационные происки» неких бойких ребят, вроде Осипбая, желавших нас стравить.

ИОСИФ ТАТАЕВИЧ

Нет, брат, чужие проступки мне не приписывай.

МАМБЕТ

Во всяком случае, тот, кто это сделал, видно, хорошо тебя знал.

ИСАБЕК

Да нет, что ты, напротив: все понимали, что стихи его гораздо лучше моих, да и я никогда не отрицал этого. Редким даром поэтического мышления обладал Сабур.

Легко, красиво, вдохновенно писалось ему. Жили мы с ним душа в душу. Было всякое: помните, не хватало кроватей, так спали на одной, как братья. Так ведь, Айша-апа?

АЙША-АПА

Да, в школьные годы вы были очень дружны.

ИСАБЕК

А история нашего поколения удивительная. Жены наши многое могут не знать... Так вот, после артиллерийского училища нас отправили на фронт. Все мы были в одной батарее главного артрезерва армии. Ну, так вот... о чем я хотел сказать, дай бог памяти.

ИОСИФ ТАТАЕВИЧ

Может, ты хочешь сказать о том, как я бежал из госпиталя, чтобы догнать вас на марше?

ИСАБЕК

Да, было... Мы никак не хотели разлучаться. Любым способом добивались, чтоб воевать вместе.

МАМБЕТ

Да... стали мы на фронте больше чем друзья. Может быть, потому, что ходили под смертью и боялись потерять друг друга... Теперь я думаю, что еще и Сабур нас объединял. Он повзрослел быстрее нас, я бы сказал, помудрел. Очень он не хотел уходить от нас, когда его забирали в дивизионную газету редактором казахско-киргизского выпуска. Както сразу нам неуютно стало без него. И он понимал это. Не было дня, чтобы Сабур не заглядывал к нам. И все-таки мы гордились, когда он стал редактором национального выпуска. Подшучивали, а все равно верили: только бы, мол, дожить до победы, а там... будущий редактор республиканской газеты у нас готов, свой друг — поэт, писатель, воин. Кем же ему еще быть... Наивности было хоть отбавляй...

ИСАБЕК

Все верно... Только некоторые детали упустил. Ты часто придирался к фронтовым стихам Сабура и вообще больше всех досаждал ему. А он, поэтическая душа, прощал тебе многое. Многое сносил...

МАМБЕТ

Ну, договаривай...

ДОСБЕРГЕН

Товарищи, товарищи, ну, что это такое, ну, где вы находитесь, в конце концов! У меня в гостях, на самой Фудзияме начинаете...

АЙША-АПА

Не надо, ребята, омрачать прошлое. Вы все такие хорошие письма писали с фронта. Сколько я плакала над ними. Сабур писал: «Дорогая, любимая Айша-апа, докладываю вам: Осипбай, Исабек, Мамбет, Досберген живы и здоровы. Сражаются, бьют фашистов метким артиллерийским огнем. И я тоже». А Исабек однажды написал, что убил в бою сразу четырех фашистов. Я так перепугалась: бедный ты мой мальчик, как же ты жив остался!

    (*Все смеются*)

ДОСБЕРГЕН

Маленький ты наш! О Исабек, батыр из батыров! Что-то не могу припомнить! Когда ты успел! Может быть, ты сделал это украдкой от нас?

ГУЛЬЖАН

Несчастный, ты уже и тогда страдал комплексом неполноценности...

ИСАБЕК

Странные вы все! Неужто вам невдомек, что писал я это для поднятия боевого духа тыла! А потом, наши снаряды разили врагов десятками и сотнями, мог же я приписать, в конце концов, из них себе хотя бы четверых.

МАМБЕТ

О, жажда славы — великий двигатель истории!

ИОСИФ ТАТАЕВИЧ

Спасибо за скромность! Ведь ты с успехом мог приписать себе и тысячи.

АЙША-АПА

Да оставьте вы его в покое! И чего я вдруг вспомнила об этом письме... Оно и понятно, я ведь жила вашими письмами. А когда в газете появились фронтовые стихи Сабура, как я радовалась: живы мои мальчики, сражаются, в стихах приветы передают. Все газетные вырезки дома у меня хранятся. И твои, Исабек, есть стихи.

ИСАБЕК

Ай, Айша-апа, что было, то было. Но было и другое, о чем сейчас вспоминать не хотелось бы...

АЙША-АПА

Знаю, только не ясно мне, как это случилось.

(*П а у з а*)

ИСАБЕК

Дело это давнее, и все равно говорить об этом тяжело...

ИОСИФ ТАТАЕВИЧ

К чему теперь ворошить прошлое?

МАМБЕТ

А куда его деть, наше прошлое? Забыть? Все равно этот разговор должен был состояться. Каждый из нас причастен к судьбе Сабура.

158

ИОСИФ ТАТАЕВИЧ

Не знаю, что ты имеешь в виду. Моя совесть чиста. Это вы с Исабеком знатоки поэзии, знатоки литературы, это вы то восхищались Сабуром, то спорили с ним, стихи его знали наизусть.

МАМБЕТ

Не прикидывайся, Осипбай. И ты, и Досберген, и все мы знали стихи эти и, не грешно сказать, любили. Он делился с нами каждой новой строкой, и мы этого ждали. Без нас, быть может, он и не состоялся бы как поэт. Мы были тем магнитным полем, на котором он измерял напряжение своего таланта. Стихи Сабура выражали нас.

ИОСИФ ТАТАЕВИЧ

Не отрицаю, было время молодое, был среди нас Сабур. Но я решительно отмежевываюсь от той поэмы, которая навлекла на него беду, и не случайно. Слишком умным хотел показать себя, философом, видишь ли. Стихи эти не выражают ни моих дум, ни моих чувств.

МАМБЕТ

Я не навязываю тебе того, что ты считаешь для себя чуждым. Но почему, скажи ты мне, так легко и так просто отказались мы от Сабура, когда он попал в беду? Допустим, человек ошибся, допустим, растерялся перед жестокостями войны. Но мы-то ведь знали его, мы выросли вместе. «Я не подам руки своей родному брату, коль он оружья в руки не возьмет»... ведь это его стихи! Это нас он своими стихами, своим примером заразил, увлек нас, тогда как мы спокойно могли учиться в своем десятом классе. И если бы не он, кто знает, может быть, мы и не попали бы на фронт, чем ты теперь козыряешь к месту и не к месту.

ИОСИФ ТАТАЕВИЧ

Что ты хочешь сказать? Ведь его потом оправдали и выпустили. Кто виноват, что он оказался таким слабодушным, что, кроме водки, его теперь ни на что не хватает.

МАМБЕТ

Как тебе не стыдно! Что ты говоришь?!

ИОСИФ ТАТАЕВИЧ

Я уверен в трезвости и правоте своих суждений.

МАМБЕТ

Вот-вот, даже на фронте, когда не знаешь, останешься завтра в живых или нет, даже тогда ты знал, как выгоднее вести себя.

ИОСИФ ТАТАЕВИЧ

Да как ты смеешь! А где ты сам был? Почему ты молчал, правдолюбец задним числом! Позволь мне не верить тебе! Да-да-да, где факты? Никто не запретит мне подозревать тебя! Может, ты донес в штаб на Сабура, откуда мне знать! И то, что ты сегодня так распинаешься здесь, так сокрушаешься, святым себя изображаешь, тебя нисколько не обеляет. Напротив, уж очень ты красиво говоришь. Ведь дело-то прошлое, а тебе неймется. Быть может, совесть шевелится. Попробуй доказать, что это не так. Я выскажусь до конца. Я всех вас подозреваю: тебя, Мамбет, тебя, Досберген, тебя, Исабек! Всех, кроме себя, поскольку себя я знаю.

МАМБЕТ

Ты вправе подозревать всех нас, а мы друг друга и тебя. Это страшно. Но еще страшнее, что мы тогда смолчали, сразу же примирились с судьбой Сабура. Вот наш позор. Этого я не могу себе простить. Я не

160

хочу, как ты, подозревать всех. Мне бы узнать, кто он и почему так поступил... не знаю, что бы с ним сделал. Но умер бы я тогда спокойно.

ДОСБЕРГЕН

Ничего себе, дошли, что называется, до ручки. Теперь мы все здесь сукины дети, подозреваемые лица... Эх вы, да как же мы дальше жить-то будем! Ну вот что. Сабуру теперь ничем не поможешь, так зачем бередить старое, забытое. Мне тоже жаль Сабура. Пусть я не очень смыслю в поэзии, пусть, бывало, писал он на меня эти самые штучки-эпиграммы, да и тебе, Осипбай, перепадало, и всем нам. Ну, например, Исабека назвал в одном стишке самозарядным самохвалом, меня как-то там еще. Я не в обиде, верно было подмечено. А ты, Осипбай, «сын бюрократа с бюрократкой», не станешь обижаться, поскольку родители твои — простые аульные крестьяне. Я говорю все это к тому...

ИСАБЕК

Постой, постой, давай уж про всех. Сабур не пощадил и Мамбета. Помнишь: «из ушей твоих прут кудрявые истины, как конский щавель на навозном юру»?

ДОСБЕРГЕН

Точно! Сабур верил нам, как самому себе, потому и позволял иногда такое зубоскальство. Дружба имеет на это право. А может, он просто хотел посмешить нас в то нелегкое время, не знаю... Но что было, то было и травой поросло. Хватит заниматься самобичеванием, от этого не легче. Давайте, как говорят, замнем вопрос для ясности.

АЛМАГУЛЬ

Нет, извините, Досберген, может, вам и не следовало затевать этот разговор в нашем присутствии. Это ваше прошлое и вам разбираться в нем. Но теперь я думаю...

161

ГУЛЬЖАН

Права Алмагуль. Теперь ваши жены не могут оставаться равнодушными к тому, что было когда-то между вами... А потом имейте уважение. Вот я сижу и представляю себя на месте Айша-апы... Каково ей, что она сейчас думает. Один из вас не убит, не мертв, а говорите вы о нем, как об убитом, как о погибшем... Что мы должны думать о вас?.. Какая страшная история! Нет, так не пойдет, давайте попытаемся разобраться.

МАМБЕТ

Если бы нам удалось разобраться, я считал бы себя счастливым человеком.

ИСАБЕК

Не ты один. Представь себе, мы все тоже этого хотим.

АЙША-АПА

Понаслышке я знаю, что Сабур написал на фронте какую-то поэму, за которую его судили, а потом оправдали, разрешили вернуться, восстановили во всех правах. А как это случилось, известно только вам. Одно лишь скажу — все вы для меня одинаковы, как пять собственных пальцев. Исабек, Мамбет, Осипбай, Досберген и Сабур. Сабур... Так любила его молодежь в годы войны. Стихи его знали наизусть. Заучивали, как клятву. А вот недавно в ответ на мою просьбу прислать к сорокалетию нашего интерната материалы для школьного музея Сабур ответил мне короткой запиской: «Дорогая Айша-апа, считайте меня погибшим на фронте. Меня нет».

(*Пауза*)

Как могло это случиться?

(*Пауза*)

ИСАБЕК

Я думал об этом... Мы вступили в бои на Западной

Украине. Немцы изо всех сил старались задержать наше наступление, а мы упорно продвигались вперед. Все понимали, что скоро граница, и родина наша будет освобождена. Война как-то по-особому обостряет чувства и мысли человека. Сабур в те дни писал такие пламенные стихи, что и мы с ним стали знамениты, как тут говорила Айша-апа. Даже ваш покорный слуга сочинил на фронте неплохие вещицы. Сабур их печатал в национальном выпуске. А теперь я думаю даже включить фронтовые стихи в свое собрание сочинений. Не так уж много, где-то около трех томов. Время уже подошло, юбилей не за горами. Пятьдесят лет. Годы идут, каждому хочется достойно отметить...

ГУЛЬЖАН

Поживем — увидим... Так что же случилось с Сабуром?

ИСАБЕК

С боями достигли государственной границы. Все было хорошо. Как ликовали мы, как радовались, что земля наша отныне очищена от захватчиков на веки веков. А дальше... Это мое субъективное мнение, навязывать не собираюсь... Мне показалось, что настроение Сабура как-то изменилось. Однажды он прочитал нам совершенно не свойственные для него стихи. Это было начало поэмы. Я сейчас точно не помню, но смысл их такой: «Я устал от войны, я устал от зрелища кровопролитий. И теперь, когда Родина освобождена, были бы крылья, назад улетел в родной Ала-Тау...» И так далее. Грустные лирические излияния.

АЛМАГУЛЬ

Что ж тут такого — совершенно понятные человеческие чувства.

ИСАБЕК

Не спеши, Алмагуль. Все не так просто.

МАМБЕТ

Я не мог понять, почему он написал эти стихи... Мы освободили нашу землю. Но это же был не конец. Борьба за нашу Родину переросла в историческую миссию освобождения народов Европы от фашизма. Ведь не мог же он этого не понимать — умница, честнейший парень, патриот? Откуда такой чуждый духу его поэзии аморфный пацифизм? Я говорил ему: ты пойми, Сабур, история так устроена. Чтобы уничтожить войну, надо идти войной...

ГУЛЬЖАН

А он что — не соглашался, что ли?

МАМБЕТ

Да нет, он не спорил. Но однажды сказал: «А ты представляешь, чего это будет стоить, скольких жизней и скольких страданий. «Это неизбежно, — сказал я ему. — История предоставила нам один путь — сражаться до полной победы, чего бы нам это ни стоило». «Да, — согласился он, — ты прав». И в то же время писал поэму. Не спал, урывал каждую минуту. Постарел даже как-то... Поэма называлась «Только смолкнет набат...»

> Только смолкнет набат,
> Поднимаются тени убитых
> И толпою незримой
> Бесшумно шагают ко мне.
> Что же мне им сказать?
> Каким словом утешить
> Тех, что погибли
> На этой гигантской войне?
> Смерть их всех уравняла.
> Просто люди. Убитые люди.
> Каждый — сын человеческий.
> Нет ни маршалов, ни рядовых.

Что же мне им сказать,
Собравшимся вместе,
Средь которых уж нет
Ни своих, ни чужих?
Кем задумана свыше
Судьба поколений,
Где пределы страданий
В море людском?
Что же мне им сказать,
Собравшимся вместе?
И не все ли равно им
В мире ином?..

Ну и так далее. Это были его раздумья. Ему, глубокому, честному художнику, потрясенному виденным на войне, хотелось ответить на мучившие его вопросы очень большого порядка... Каждую новую главу он приносил к нам читать. Собирались впятером, иногда порознь. Он любил читать вслух. Для него это было наслаждение — читать, зная, что его слушают...

АНВАР

Ты расскажи покороче — чем все это кончилось?

МАМБЕТ

Покороче нельзя. Это не анекдот.

ИСАБЕК

Краткость — сестра таланта.

МАМБЕТ

И падчерица гонорара. Как ты однажды перефразировал.

ИСАБЕК

(*явно пристыженный*)
Ну, это не к месту! Зачем...

МАМБЕТ

Не мешай или расскажи сам. Ты всегда хвалил стихи Сабура со слезами на глазах, с дрожью в голосе.

ИСАБЕК

Нет уж, раз ты начал, рассказывай сам. Я любил Сабура как поэта, хвалил его стихи, это совсем другое дело.

МАМБЕТ

Как же другое! У нас у всех было общее дело — вместе воевали, а ты не набрался мужества и не сказал ему правды в глаза.

ИСАБЕК

Какую же правду говорил ему ты, позволь узнать?

МАМБЕТ

Я говорил ему то, что считал своим долгом. Я пытался помочь ему. Я говорил, что не могу согласиться с идеей его поэмы. Я говорил: мы освободители и твой вселенский плач по человеку в том мировом солдатском реквиеме, который ты написал с потрясающей силой, мало сказать, не ко времени — неуместен сейчас. Как можно оплакивать убитых и отказываться от борьбы, которую они вели и ради которой отдали свои жизни?

АЛМАГУЛЬ

Люди всегда скорбят о павших.

МАМБЕТ

Это потом, когда мы победили, а тогда шла война, схватка миров не на жизнь, а на смерть.

ИСАБЕК

Да, конечно. В идейном смысле поэма Сабура была сомнительной, если не ошибочной.

МАМБЕТ

Это ты теперь говоришь, а тогда ты только восторгался. А он очень верил тебе, и ты сослужил ему плохую службу.

ИСАБЕК

Я и сейчас не откажусь от своих слов. В смысле поэтического мастерства это была высота. Я восторгался от души. По крайней мере, мои отношения с ним не кончились дракой, и я после этого не бегал в штаб.

МАМБЕТ

Очень хорошо, что ты вспомнил об этом. Я знал, что ты это скажешь.

ИСАБЕК

А мне плевать на твою проницательность. Моя совесть чиста. Пусть у тебя голова болит.

ДОСБЕРГЕН

Тише, тише. Птицы на скалах перепугаются. Что за черт, что за день сегодня?! Что вы? Ну, где вы находитесь? Так же нельзя...

АЙША-АПА

Мамбет, неужели ты поднял руку на Сабура?

МАМБЕТ

Да, было. И все из-за этой поэмы. Мы были вдвоем возле нашего орудия. Я сказал ему: как поэт ты сбился с пути. Он ответил, что в искусстве нет заказанных путей и что мои мерки ему не подходят. Тогда я сказал, что сейчас его поэма — это проявление эгоизма и трусости. Он побелел и ударил меня по лицу. Я ответил ему тем же. Началась драка. Потом он повернулся и ушел. Я еще хотел догнать его и сказать, что отныне мы с ним враги. Если завтра кто-нибудь из нас будет убит или ранен, пусть это не трогает наши сердца... Откуда мне было знать, что это была наша последняя встреча перед разлукой на долгие-долгие годы. И не драки этой мне стыдно сейчас, а моих оскорбительных слов. Как же я смел бросить в лицо такие обвинения ему, другу, поэту, который именно там, на фронте, постиг всю глубину и трагичность человеческого бытия. Он пытался выразить великую вечную истину о человеке. В этом была его уязвимость, но в этом же была и его сила... К сожалению, я понял это слишком поздно. После войны. И кто знает, если бы вскоре после нашей стычки его не увезли со всеми его записями и тетрадями стихов, если бы затем не обошлись с ним так, — кто знает, быть может, мы были бы современниками одного из великих поэтов!...

ИСАБЕК

Прекрасно! Наконец-то ты высказался и поставил все точки над «и». Итак, ты пришел к выводу, что в конечном итоге мысли поэмы, выношенные Сабуром на фронте, не были, в сущности, ошибочными. Так ведь? Выходит, я не зря восторгался «со слезами на глазах и с дрожью в голосе» его стихами. Значит, я предвидел как поэт в поэте...

МАМБЕТ

(перебивая)

Зачем ты выкручиваешься даже теперь? Ведь только что поэму Сабура ты называл сомнительной и даже ошибочной. Когда же я пытаюсь разобраться в чем-то, ты тут же пристраиваешься и опять в свою пользу.

(Пауза)

А ведь речь идет о том, что мы не сумели понять Сабура тогда, в момент его глубочайших внутренних противоречий, а это не преступление художника. Это его диалектика, его поиски истины. Вот этого я не могу себе простить.

168

ИСАБЕК

Ей-ей, ты сегодня в ударе. К чему бы это? Какое у тебя право не верить в мою искренность?! В штаб-то я не бегал.

МАМБЕТ

Ну да, я бегал. Накануне того дня, когда случилась беда с Сабуром, я был в штабе, о чем тут дважды упоминалось. Меня послал туда командир дивизиона — почерк оказался подходящим, и там мне поручили списки и разные документы награжденных. Занимался я этим целый день. Я только составлял списки. Вернулся в блиндаж поздно ночью. Вы спали. А через день стало известно, что Сабура отозвали в особый отдел и вместе с ним увезли все его рукописи, даже записи на клочках бумаги. Я понял, что случилось что-то серьезное, что надо быстрее его выручать, что в военное время по-всякому может обернуться и надо что-то сделать, предпринять что-то. Мы стали советоваться. И когда я сказал, что хочу обратиться к командиру части за разрешением обратиться дальше по армейским инстанциям, то вот вы, — в первую очередь ты, Осипбай, ты, Исабек, и ты, Досберген, — вы отговорили меня, а я вас послушался. В этом мое преступление перед собственной совестью. Какие только доводы ни приводились: в армии не положено делать того, не положено делать этого. Иначе мы повредим ему, а не поможем. Если, мол, сочтут нужным, нас спросят, вызовут, и тогда мы скажем, что и как, и так далее и тому подобное. Мы все смолчали. Не знаю, сумел бы я тогда помочь Сабуру или нет, но то, что я даже не попытался вмешаться...

(Пауза)

ДОСБЕРГЕН

Честно скажу. Если б сейчас меня спросили, что я думаю по поводу тех стихов Сабура, я послал бы всех к чертовой матери, чтобы голову не морочили себе и другим. После войны мы только и распевали гимны о мире. Берегите мир!.. А всякие там тонкости меня не касаются. В поэзии я плохо разбираюсь. Но тогда я предпочитал молчать, потому что мне казалось, что лучше не объявляться слушателем этих сомнительных стихов. Вот если бы вызвали да спросили, ну, тогда, понятно, сказал бы что и как. Ну, а так — кто его знает. Время было недоброе.

ИОСИФ ТАТАЕВИЧ

Я, конечно, не буду бить себя в грудь, я тут, как говорится, не из главных действующих лиц. Я тут ни при чем. Но Сабур тоже не ягненок. Значит, что-то было — за что его все-таки осудили и выслали.

АЛМАГУЛЬ

Но ведь потом его полностью оправдали и восстановили в правах.

ИОСИФ ТАТАЕВИЧ

Это потом. А тогда было не потом.

МАМБЕТ

Сколько лет мы тебя знаем, Осипбай, а ведь ты страшный человек, друг.

ИОСИФ ТАТАЕВИЧ

Я человек своего времени. На дуэль я не пойду, чужого не возьму. Достигаю жизненных благ и положений своим трудом и прилежанием, уважаю порядок в чем бы то ни было, и в мыслях, кстати, и в стихах тоже. А что касается — страшный ли я человек, то это еще вопрос. Во всяком случае в штаб накануне этого дела ты ходил, а не я.

ИСАБЕК

Мамбет, я ничего не могу утверждать, не хочу даже подозревать, но ведь ты все-таки побывал в те дни в штабе — эта мысль не выходит у меня из головы и ничего не могу поделать с собой.

МАМБЕТ

Это мне в наказание судьбой послано.

ИСАБЕК

Не знаю.

АЙША-АПА

Голова кругом. Слушаю я вас и в толк не возьму. Вместе росли, вместе воевали, а случилась беда с одним из вас — и точно не знались вы никогда. Каждый сам по себе оказался. Как же так?

ИСАБЕК

Не думайте, что мы не пытались помочь Сабуру. Ну, вот я, например, когда он вернулся оттуда, помог ему устроиться в редакцию. Там он долго не продержался. Запивал он уже. Я снова устроил его в другую редакцию, потом на радио, а оттуда он ушел куда-то в другое место...

ГУЛЬЖАН

Обо всем этом я сегодня впервые слышу.

(Исабеку)

Почему ты никогда не говорил мне о Сабуре?

ИСАБЕК

А что рассказывать?

ГУЛЬЖАН

Но он же ваш друг? Между вами было, очевидно, столько общего. Почему же вы, его друзья, теперь преуспевающие, не пригласили Сабура сюда?

ИСАБЕК

Ну что ты, Гульжан! Он совершенно опустился. От него ушла жена. Дочь, говорят, недавно вышла замуж, так даже на свадьбу не пригласила.

(*После паузы*)

Он бы все равно сюда не пришел.

ИОСИФ ТАТАЕВИЧ

Сам виноват. Не он один попадал туда. Многие вернулись и нормально включились в общую жизнь. На кого обижаться? На кого таить обиду? На историю? Что за великая история без своих ошибок? Жизнь сложна. Надо уметь подниматься над этими сложностями. Тут надо высокое сознание иметь, мужество большое, чтобы не пасть духом, чтобы лица своего не потерять. А он? Был талант, да и тот исчез как дым.

ГУЛЬЖАН

Ну, все. Теперь слушайте меня.

ДОСБЕРГЕН

Наконец-то! Тамада ожил. Ура!

ГУЛЬЖАН

Все это время я сидела и слушала историю Сабура. Я внимательно слушала. Насколько я поняла: увидев войну воочию, Сабур начал писать поэму, проникнутую трагическим настроением. Война губительна для рода человеческого. Так ведь?

(*Пауза*)

Но одностороннее изображение войны в то время, когда шла героическая борьба за победу над врагом, могло быть воспринято, грубо говоря, как отстраненность, как нежелание воевать. Так ведь?

(*Пауза*)

172

У меня у самой отец погиб на фронте, и я бы наверняка
тоже так подумала.

(*Пауза*)

АЛМАГУЛЬ

И у меня два брата. Совсем молодые. Один был летчи-
ком, другой танкистом. Но сейчас не об этом речь. Я
тоже внимательно слушала и для меня теперь вовсе не
безразлично, как и почему это произошло. Но прежде
всего я хотела бы понять одно. Если поэма Сабура
нигде не печаталась: ни в газетах, ни в журналах, не
передавалась по радио...

ИСАБЕК

Нет, нигде. Он писал в клеенчатой общей тетради, всем
нам хорошо известной зеленой тетради.

АЛМАГУЛЬ

Значит это был его лирический дневник? Дневник! В
котором поэт самовыражается, хочет осмыслить себя,
происходящие вокруг события... Я так понимаю? Он
может ошибаться...

ИСАБЕК

Что значит — может, не может? К твоему сведению:
когда мы были уже на подступах к Вене, нам стало известно, что он так и не отрекся от этой самой поэмы,
за что и угодил в дальние края.

АЛМАГУЛЬ

Но ведь он не бросил оружия, не оставил поле боя, не
отказался от солдатского долга. Он просто думал...
Он чувствовал и мыслил в стихах...

ИОСИФ ТАТАЕВИЧ

Но, видимо, люди, которые решили его участь, думали

иначе. Мыслил... Надо знать, как мыслить! Мы воевали всеми силами и помыслами, поэтому победили.

ДОСБЕРГЕН

Не черни напрасно, Осипбай. Сабур был солдатом не хуже нас с тобой. Ты же помнишь, что там же, под Веной, один журналист передал нам записку Сабура. Несколько слов всего: «Просился в штрафной батальон. Отказали. Прощайте». Ты знаешь, почему он послал эту записку? Ты думал об этом?

ИОСИФ ТАТАЕВИЧ

Хотел кровью своей искупить вину. Но его не послали даже в штрафной батальон. Значит не доверили.

ГУЛЬЖАН

Зато он вам всем доверял. А один из вас пошел и донес на него.

АНВАР

Да оставьте, ради бога. Это не вы! Не вы! Может быть, кроме вас, кто-нибудь другой знал и сообщил. Могло ведь и такое случиться.

ИСАБЕК

Трудно предположить.

МАМБЕТ

В дивизионе не было никого знающих язык. Только мы четверо, а пятый Сабур... Стихи же читают только тем, кто их понимает.

ГУЛЬЖАН

Ну вот что, друзья, вы ищете оправдание себе. Как хотите, а то, что вы сделали по отношению к Сабуру — это элементарное предательство.

(*Пауза*)

ИСАБЕК

Ну, ты уж слишком.

174

ИОСИФ ТАТАЕВИЧ

Категорически не приемлю такой формулировки. То, что предпринимается в интересах общего дела, не может называться предательством. Не подумайте, что я оправдываю себя. Я этого не сделал, но если бы сделал, сказал бы то же самое.

ГУЛЬЖАН

Так можно оправдать любую безнравственность!

ИОСИФ ТАТАЕВИЧ

Я свое сказал, и меня ничем не переубедить. У каждого свои принципы.

ДОСБЕРГЕН

Эй, люди, сжальтесь надо мной, несчастным, имевшим неосторожность пригласить вас на эту дурацкую гору под названием Фудзияма. Автор названия — моя жена. И зачем ты только нарекла эту гору этим японским словом! Может быть, поэтому наши гости забывают, что они в гостях, а не на исповеди у буддийского бога или как его там. Ну, что вам дались эти споры? Теперь уже ничем и никак не поможешь. Давайте забудем об этом. Верно, Айша-апа?

АЙША-АПА

Верно. Не распутаете вы сейчас этот узел, так не мучайте себя и нас.

ДОСБЕРГЕН

Давайте пить, есть, веселиться, дышать чистым воздухом. Будем готовить костер. Ночью на вершине Фудзиямы такой костер закатим, чтобы всему свету было видно. Командуй, тамада! Наливайте! Выпить хочется.

(*Все оживляются, наливают бокалы.* Мамбет *встает и отходит к палатке*)

АЛМАГУЛЬ

Самовар-то мой давным-давно остыл.
(*Идет за Мамбетом. Мамбету*)
Почему ты никогда не рассказывал мне о Сабуре?

МАМБЕТ

Я думал, ты знаешь обо всем от Досбергена. А потом, трудно было об этом говорить.

АЛМАГУЛЬ

Но все равно ты должен был мне об этом сказать. Только ты, и никто другой. А сейчас... Мне страшно. Я здесь хозяйка, а не то — убежала бы отсюда, спряталась бы куда-нибудь... Но я знаю, что это не ты! Я тебе верю. Я знаю, что это не ты.

МАМБЕТ

Я ничего не могу доказать. Ничего. Я Сабуру тогда не помог, а теперь поздно.

АНВАР

(*тихо, Иосифу Татаевичу*)
Ну, после всего, что Мамбет наговорил здесь... Ты, наверное, не захочешь ему помочь?

ИОСИФ ТАТАЕВИЧ

Непременно помогу. Самое главное, чтобы Мамбет сам этого захотел. А в нем это идиотское самолюбие сидит.
(*Пауза*)
Эх, Анвар... С тобой бы на самые лучшие морские побережья. С такой женщиной, как ты, душа б моя возликовала. Но что невозможно, то невозможно...
(*У палатки*)

АЛМАГУЛЬ

Это не ты предал Сабура. Я знаю, что это не ты. Пойдем вернемся ко всем. Помоги мне, возьми самовар. Ну, идем, Мамбет.

(*Он помогает отнести самовар и отходит за палат-ку*. Алмагуль *возвращается ко всем*)

ДОСБЕРГЕН

Ох и погуляли мы тогда с Сабуром, Айша-апа! Куда там! Стихи его печатались всюду, песни пели на его слова. Больше всего от девушек писем приходило. Читать не успевали. Что греха таить — выдавал я себя за Сабура. Сабур знал, смеялся. Сколько у меня романов было! Почтовых... Но вот что неудобно было: в каждом письме надо было хоть пару стишков каких-то написать. Вот Исабек меня выручал. Он тогда ведь тоже стихи писал.

АЙША-АПА

Неплохие стихи писал Исабек, напрасно бросил.

ГУЛЬЖАН

Правда неплохие?

ИСАБЕК

Кто их не писал в этом возрасте? То были поиски. Нашел же я себя в более серьезном жанре, во всемогущей прозе.

ГУЛЬЖАН

Ты так уверенно говоришь об этом...

ИСАБЕК

Как говорится: «Вблизи признанья нет ни у жены, что видит твое тело, ни у друзей, что завистью обременены».

ГУЛЬЖАН

Ну, ясно. Жена недооценивает, а окружающие — Сальери. Старая твоя песня.

ИСАБЕК

А что? У каждого Моцарта есть свой Сальери. Так уж повелось в природе. На то мы люди... Греховны.

ДОСБЕРГЕН

(*перебивая*)
Слушай, ты мясо есть будешь?

ИСАБЕК

Буду.

ДОСБЕРГЕН

Сейчас сделаем.

ИСАБЕК

Вы не поверите, Айша-апа, как стало трудно жить и работать. Особенно, как стали переводить на иностранные языки книги моих зарубежных впечатлений, да к тому же я активно участвую в афро-азиатских конференциях. Недоброжелателей явных и скрытых встречаю на каждом шагу. Неприятное ощущение... Недаром говорится: «Когда сосед бледнеет за успех соседа, покоя не ищи».

АЙША-АПА

А ты не обращай внимания. Работай себе, никому зла не причиняй.

ИСАБЕК

А я работаю. Я ведь всю душу и сердце вкладываю, ночей не сплю. И вот от зависти, оттого, что кто-то вырвался за пределы местной орбиты, оттого, что книги мои издаются на разных языках — ничего не стоит иному, даже маститому писателю, объявить твое произведение халтурой. Вот так, одним словом, крест-накрест перечеркнуть. Как же тут терпеть? Приходится и самому в борьбу бросаться с вечным сальеризмом.

МАМБЕТ

Между прочим, Сальери никогда не называл Моцарта халтурщиком. Напротив, он благоговел перед ним и сам ему в том признавался плача. Но и умертвив гения, Сальери не превзошел его. Так и скончался в муках, не добившись цели.

ИСАБЕК

Эх, Мамбет, теперь уже Сальери совсем не тот. Ведь тот Сальери был маэстро. Но главное — он мужество имел злодейство совершить собственноручно. За то его и уважаешь. А нынешние что? Лишь хаят — то на собраниях, то в газете. Убить не могут, а жизнь отравляют.

МАМБЕТ

Да, нелегок хлеб, как погляжу.

ИСАБЕК

Верно. Порой ночами долгими не сплю.

МАМБЕТ

Все думаешь? О чем?

ИСАБЕК

Да все о том. Как жизнь прожить. Как быстро утекают дни...

   (*П а у з а*)

Да, кстати, Айша-апа. Я сам найду вам журналы и газеты военных лет со стихами и рассказами Сабура. У меня они есть, у меня даже фронтовые газеты сохранились. Между прочим, никто как я собрал по крохам, по крупицам, стихи Сабура и теперь пробиваю в издательствах сборник. Я вас прошу, Айша-апа, когда будете оформлять школьный стенд, рядом со стихами Сабура поместите и мои тоже.

АЙША-АПА

Просьбу твою учту обязательно.

МАМБЕТ

(*Исабеку*)

А к чему это? Не будет ли это выглядеть как торжество преуспевающего над потерпевшим бедствие?

ИСАБЕК

Ну, скажешь... Да я ведь подчеркнуть хочу духовное родство наше. Откуда у тебя такие мысли?

(*П а у з а*)

Признайся, ведь ты в душе — Сальери.

МАМБЕТ

По отношению к тебе, что ли?

ИСАБЕК

Хотя бы.

МАМБЕТ

Нет... Поскольку ты не Моцарт.

АЛМАГУЛЬ

А я недавно читала статью в одном журнале. Там насчет этого Сальери любопытно сказано. Там сказано, что в любом деле есть свои Моцарты и своим Сальери. И бесчеловечно быть всегда только на стороне гения, игнорируя муки их антиподов. Тем более, что для самой практики дела они нужны. Мир ведь не может состоять из одних гениев.

ИСАБЕК

Гм... Действительно, занятно. Надо почитать.

МАМБЕТ

А как же проблема гения и злодейства? Неужели автор и тут открыл что-нибудь новенькое?

АЛМАГУЛЬ

Нет, просто он говорит, что если уж Сальери неизбежен в роду человеческом, то к его мукам и терзаниям относиться надо по-человечески! С состраданием.

ГУЛЬЖАН

Странно. Даже не верится. Да здравствует посредственность? Так, что ли?

ИОСИФ ТАТАЕВИЧ

А что тут странного? Каждый в личной жизни борется за себя. Поскольку человеку не дано дважды родиться, он не хочет прозябать в последних рядах. Что же, он должен взирать, как гений восходит на вершину славы, а сам топтаться у подножия? Нет, он в бой идет, он выстрелом его с вершины свалит, и в том право Сальери утверждать себя.

ГУЛЬЖАН

Не в честный бой, а на подлость и коварство он идет.

ИОСИФ ТАТАЕВИЧ

Милая Гульжан, опять же остаюсь при своих убеждениях.

ИСАБЕК

В прошлом году, когда я был на Цейлоне, я спорил с одним буддийским монахом. В общем я доказал ему, что жизнь остановится, если исчезнет зло и останется только добро.

МАМБЕТ

Остановится, если прекратится борьба добра со злом.

ИСАБЕК

Ну да. А вот в Аравии я говорил с писателями...

ГУЛЬЖАН

Теперь последует Индия, Египет, Япония, и везде он всех поразил, удивил, убедил...

(*Появляется* Досберген *в фартуке, с поварешкой в руках*)

ДОСБЕРГЕН

Итак, дорогие гости, барашек на подходе. Еще немного — и сбудется вековая мечта фудзиямского народа.

АЙША-АПА

Мне пора... Вечереет уже...

ДОСБЕРГЕН

Я хочу сказать в спокойной обстановке, пока вы снова не начали свои заумные споры. Самое замечательное было то, что сегодня с нами наша Айша-апа. Еще раз приветствую вас, Айша-апа, на горе Фудзияма, и поскольку машина за вами уже приехала и ожидает вас внизу, — вы не спешите, это я к слову, — я еще раз хочу предложить тост за ваш многолетний учительский труд. Хороши мы или плохи — это как когда... Не хочу быть ханжой, но знайте — всем лучшим в себе мы обязаны вам. Тост за ваше крепкое здоровье и большое сердце!

ИОСИФ ТАТАЕВИЧ

Сердечное спасибо вам, Айша-апа. Сколько хороших людей вы воспитали! Вы можете гордиться как мать, как педагог. Ну вот хотя бы присутствующий здесь Исабек Мергенов. Кто его не знает? Мамбет наш — безусловно, один из лучших преподавателей республики, которому, кстати, пора уже переходить в какую-нибудь столичную школу. Или вот Досберген, наш главный агроном, мастер своего дела, такой замечательный гостеприимный хозяин на Фудзияме.

ДОСБЕРГЕН

Эх, не жизнь, а одно удовольствие. Но ты и себя не забывай, товарищ Осипбай, без пяти минут академик, а то и больше... А то ведь станешь вдруг министром — попрекать будешь. Скажешь: прежде-то не замечали...

ИОСИФ ТАТАЕВИЧ

Шути, шути... Айша-апа, делаю заявку. Прошу оказать честь нашему дому на Седьмое ноября. И надеюсь, вы все, все покорители Фудзиямы, будете вместе у нас. Максуда очень обрадуется. Она прелестная женщина.

АЙША-АПА

Приеду обязательно, приеду, только если все вместе соберетесь. Впятером.

ИОСИФ ТАТАЕВИЧ

Я-то не против...

ДОСБЕРГЕН

Ничего не выйдет, Айша-апа. Я ведь виделся с Сабуром. На коленях стоял — просил: приезжай ко мне в аул, жить, работать, забыть все прошлое... Ничего не выйдет.

АЙША-АПА

Мне пора, дорогие мои. Спасибо.

(*Пауза*)

Когда-то я думала... Я ведь, как говорится, от самой земли вместе с Советской властью выросла. Когда мне было всего пять лет, басмачи у меня на глазах убили отца и мать. Попала я в детдом, училась. Мы рады были, как солнцу, что грамоту постигли, что к свету двери отворились для нас. Так вот, думала я тогда, в те годы: станут все образованными, сознательными, и начнется спокойная культурная жизнь, как чистая вода в зеркальном пруду. А жизнь-то — река бурлящая. Вот вы все столько знаете, и столько споров между вами... И мы тоже спорили, все о том же — что хорошо, а что плохо. Ведь хочет человек дознаться до истины, до справедливости. Ненасытен он в жажде своей. И если успокоится, то...

(*Пауза*)

Лучше чем сказал об этом Сабур, не скажешь. Когда эти стихи напечатали в журнале, я их не очень поняла. Но запомнила. А с годами мне все яснее становится их смысл: «Как человеку человеком быть?»

ИСАБЕК

Это «Вечный спор».

АЙША-АПА

«Вечный спор».

> Нет, нескончаем вечный спор —
>   Как человеку человеком быть?
> И на войне все тот же спор —
>   Как человеку человеком быть?
> В победных кликах слышу спор —
>   Как человеку человеком быть?
> В предсмертных криках слышу спор —

МАМБЕТ

>   Как человеку человеком быть?
> Вот победим, и тот же спор —
>   Как человеку человеком быть?
> Кто навязал нам этот спор,
> Кто ниспослал нам вечный спор —
>   Как человеку человеком быть?

ГУЛЬЖАН

В такие молодые годы он так сказал об этом?

АЛМАГУЛЬ

А Лермонтов?

ИСАБЕК

Война, дорогие мои. Война — великая школа познания.

ГУЛЬЖАН

Но, видимо, не для всех.

ИСАБЕК

В данном случае ты задеваешь не только мое самолюбие. Я здесь не один — нельзя же так.

ИОСИФ ТАТАЕВИЧ

Напрасно волнуешься, Исабек. Меня лично это никак не может задеть. Но стихи эти... Как бы это сказать? Слишком абстрактная постановка вопроса. Нет примет времени. О каком человеке идет речь?

МАМБЕТ

А я в этом вижу их достоинство. Они общечеловечны. Наш социальный опыт позволяет нам говорить уже от имени всех, от всего рода человеческого. Ведь никто еще, никакое общество, не прошло такого пути, как мы...

АНВАР

Кто такой Лермонтов и кто такой какой-то Сабур. Мягко говоря, нелепое сравнение.

МАМБЕТ

Для тебя он какой-то. А для меня он часть моей судьбы, часть меня самого.

ИСАБЕК

Не монополизируй Сабура. Не изображай дело так, будто ты один страдаешь за него, а остальные вроде... Наплевать...

ДОСБЕРГЕН

О боже... Ну что это такое? Опять Сабур. Шагу не дает ступить. Все наши разговоры натыкаются на Сабура. Да оставьте вы его в покое, в конце концов! Имейте уважение к Айша-апе. Ей надо попрощаться и уезжать, а вы ей рта не даете раскрыть.

АЙША-АПА

Это не страшно, Досберген, дорогой. Не буду судить, в чем Сабур был прав, в чем нет, но вы сегодня все время вспоминали о нем, значит без него вы не можете обойтись, значит он все-таки с нами... Вы сидите, сидите, не беспокойтесь.

ВСЕ

Да что вы?

— Да мы вас проводим.

— Как можно?

— Спасибо вам большое, Айша-апа!..

АЙША-АПА

Будьте здоровы. Оставайтесь, оставайтесь. А я сама потихоньку спущусь с горы... Я тоже хороша!

    (*После паузы*)

Не кинулась я, как мать, не бросилась стучать во все двери и окна.

    (*П а у з а*)

А меня-то всем в пример ставят: старая коммунистка, в президиумах сижу, речи говорю. Нет, я теперь спокойно жить не смогу и вам не советую... Будьте здоровы!

    (*Уходит*)

    (*Женщины идут ее провожать. П а у з а*)

ИСАБЕК

Как красиво темнеет кругом. Какая силища эти горы в сумерках!

МАМБЕТ

Да, здорово.

ДОСБЕРГЕН

    (*приносит бутылку коньяку и стаканы*)

Слушайте, мужики. Признаться откровенно, весь день

мы не могли как следует выпить, и все из-за ваших дурацких споров. Давайте выпьем по-солдатски, пока поблизости нет женщин. Давайте, черт возьми, веселиться. Зачем мы остались-то на этой горе? Давайте кричать, как дикари, петь песни.

(Досберген *разливает бутылку коньяку, и все вокруг оживляются, кричат, слушают раскаты своего эхо в горах.* Досберген *пытается изобразить крик снежного человека. Все смеются, хохочут*)

Давайте катать камни с гор. В детстве мое любимое занятие было — катать камни с гор. Я ведь пастушонком рос.

ИСАБЕК

А что? Давайте попробуем. Ну-ка, кто сильней, а ну, кто дальше!

(Иосиф Татаевич *сбрасывает с себя пиджак, срывает галстук и тут же теряет его, засучивает рукава. Все входят в раж. Камни с грохотом летят вниз*)

АНВАР

Боже, что там происходит? Что они там делают?

ГУЛЬЖАН

Камни падают. Расшевелились. Городскому человеку разрядка нужна.

ИСАБЕК

(*кидает камень*)

Нет, Осипбай, тебе далеко до меня. Еще есть силушка, есть.

ИОСИФ ТАТАЕВИЧ

Эй, джигиты, пусть женщины посмотрят. Мы еще те! Мы еще покажем себя!

МАМБЕТ

Да постойте же. Я потерял очки.

(*Пытается ощупью найти их*)

Я ничего не вижу. Я потерял очки.

ИОСИФ ТАТАЕВИЧ

А ты отойди. Не путайся под ногами.

ДОСБЕРГЕН

Тоже мне, интеллигенция близорукая. Эй, ухнем!

АНВАР

Мужчины, осторожнее. Под камнями могут быть змеи.

ИОСИФ ТАТАЕВИЧ

Змеи? Да плевать мне на этих змей. Я их закину вот так, вот так!..

ГУЛЬЖАН

Вот это да... А ну-ка, и я.

ДОСБЕРГЕН

Женщины, а ну-ка и вы! Ну-ка, глянем, на что вы способны у нас.

(*Женщины тоже кидают мелкие камни*)

АНВАР

А где твой галстук, Осипбай?

ИОСИФ ТАТАЕВИЧ

А черт с ним! У меня их дома двести штук.

МАМБЕТ

Алмагуль, отведи меня в палатку. Ничего не вижу. Очки потерял.

(*Алмагуль ведет за руку Мамбета. Все остальные продолжают сбрасывать с горы камни*)

АЛМАГУЛЬ

Потерял очки?

МАМБЕТ

Если их не раздавят, то утром я их найду.

АЛМАГУЛЬ

Давай руку.

(*Останавливает Мамбета*)

А вон тот огонь, вон то пламя ты видишь?

МАМБЕТ

Это я вижу. Что это такое?

АЛМАГУЛЬ

Пионерский костер. Там пионерский лагерь.

МАМБЕТ

Вот оно что... Здорово. Красивое зрелище. Представляю себе — кругом темные-темные горы, а перед тобой бушует живой огонь. Слушай, Алма... Как давно это было, наши пионерские костры...

АЛМАГУЛЬ

Отполыхали они... И мы уже не те.

МАМБЕТ

А вот интересно. Я представляю себе ребят вокруг костра. Они там поют, танцуют, веселятся, и дела им нет, что их ждет впереди. Появятся среди них, наверное, такие люди, как мы. Какая-нибудь девочка вырастет и будет такой, как ты, Алмагуль, и кто-то будет ее любить так же несчастливо и трудно, как я. А может быть, кто-нибудь станет таким человеком, как Осипбай и Исабек, и будет среди них своя Гульжан и, может быть, свой Сабур...

АЛМАГУЛЬ

Может быть, ему повезет и судьба его будет иной, и друзья не такие, как вы...

(*П а у з а*)

МАМБЕТ

Я не могу обижаться на тебя.

(*П а у з а*)

Знаешь, Сабур до сих пор избегает меня. А мне иногда все это снится... Все мы... Я просыпаюсь в холодном поту... Снится мой страх, мой стыд... Да, прошлого не вернешь. Шинель сносилась... Сапоги стоптались... Я даже не помню, как это выглядит.

АЛМАГУЛЬ

(*улыбаясь*)

А я помню тебя в твоей шинели и в твоих сапогах. Ты этого не знаешь. После института на первой моей учительской конференции ты сидел в зале впереди меня на несколько рядов. Ты все оглядывался, смотрел на меня... Я тогда боялась, что кто-нибудь заметит... Ты на меня так смотрел... Мне было хорошо, и меня это волновало. Мне казалось, что все замечают твои взгляды.

МАМБЕТ

Я помню это. В перерыве я искал тебя, хотел угостить стаканом лимонада.

АЛМАГУЛЬ

Почему же ты не сделал этого?

МАМБЕТ

Постеснялся. Ты — молоденькая девчонка, стояла в толпе молодых людей, а я уже...

АЛМАГУЛЬ

Почему ты этого не сделал! Боже мой! Стакан лимонада, всего лишь стакан лимонада...

МАМБЕТ

Да, пустяк... А потом я потерял тебя из виду, и через многие годы, когда я вернулся из Тянь-Шаня и полу-

190

чил новое назначение, я встретил в школе тебя, но ты уже была женой одного из моих друзей. Судьба...

АЛМАГУЛЬ

Если хочешь знать, я завидую сейчас тем, у костра. Они еще не знают, кто из них — ты, кто из них — я. А когда узнают, порой им будет так горько... А порой и радостно. Пойдем, я тебя отведу в палатку.

(*Они уходят. Доносятся возгласы*)

ГОЛОС ДОСБЕРГЕНА

Я — снежный человек, я — снежный человек.

ГОЛОС ИОСИФА ТАТАЕВИЧА

Завидую снежному человеку. Он абсолютно свободен. Хватает любую женщину и тащит в пещеру.

ГОЛОС АНВАР

А где твоя пещера? Где твоя пещера?

ГОЛОС ИСАБЕКА

Да здравствует снежный человек! Да здравствует свобода!

ГОЛОС ГУЛЬЖАН

Осторожней, Исабек. Ты сорвешься в пропасть...

Часть Вторая

Утро. Яркое солнце. У ручья, голые по пояс, умываются Досберген, Мамбет, Иосиф Татаевич, Исабек.

ИОСИФ ТАТАЕВИЧ

(*недовольно*)

Нет, друзья, так не годится. Я, откровенно говоря, очень недоволен.

ИСАБЕК

Да оставь ты, Осипбай. Хорошо отдохнули на свежем воздухе. Хорошо повеселились. Чего еще?

ИОСИФ ТАТАЕВИЧ

Да я не об этом. Мы — мужчины или кто? Все-таки как глубоко зашла феминизация. Ведь еще деды и прадеды предупреждали: жена в объятиях — это враг в объятиях, а мы расхлюпались при женщинах, о таких вещах рассуждать принялись. Да они завтра же растрезвонят об этом повсюду.

ИСАБЕК

А о чем трезвонить-то? Что мы такого говорили?

ИОСИФ ТАТАЕВИЧ

И все-таки не следовало давать повода. Хорошо еще моей жены не было, а не то она показала бы нам, душу вытрясла бы.

ИСАБЕК

Не гневи бога. Максуда умная женщина.

ИОСИФ ТАТАЕВИЧ

Это для вас она умная. Чужая жена всегда кажется девушкой. А мне с нею жить приходится. Я-то знаю...

ДОСБЕРГЕН

Напрасно, напрасно ты, Осипбай.

ИОСИФ ТАТАЕВИЧ

Эх, будто сами не знаете. Ну, вернулся с фронта, ну, женился с ходу. А теперь дети... И положение не позволяет. Чуть что — моральный облик... Куда мне? Говорят, в других странах никому никакого дела, никто не сует свой нос в твою личную жизнь... Хочешь — женись, хочешь — разводись. Лишь бы дело знал. А у нас... Попробуй заикнись только.

ДОСБЕРГЕН

Да, товарищ директор, доктор наук, не завидую. Худо. Паршиво так.

ИОСИФ ТАТАЕВИЧ

Ты о себе подумай сначала. Тоже мне... Уверенный какой...

ДОСБЕРГЕН

А почему мне не быть уверенным?

ИОСИФ ТАТАЕВИЧ

(спохватившись)

Да я так просто.

ДОСБЕРГЕН

Что-то ты темнишь. Зло срываешь. А за что?

ИОСИФ ТАТАЕВИЧ

Прости, Досберген! Это верно — зло срываю.

МАМБЕТ

(*кричит*)

Эй! Ребята! Очки нашел.

ИОСИФ ТАТАЕВИЧ

Мамбет вот с утра настроение испортил. Не успели проснуться, не успели умыться — новостью делится: ему, видите ли, Сабур приснился. И опять — будто мы все на фронте и опять будто он стихи читал. Нельзя же так. Вчера целый день казнились. Ну, любили, любим его. Ну, что ж из этого? Сколько можно?

МАМБЕТ

Неужто и снов мы стали бояться?

ИСАБЕК

Этим ты просто раздражаешь людей.

МАМБЕТ

Не знал, что ты придаешь такое значение снам.

ИСАБЕК

Что ты этим хочешь сказать?

МАМБЕТ

Ровным счетом — ничего. А сказать то, что хотел бы, не имею оснований.

ИСАБЕК

И не ищи — их нет. Не исключено, тем человеком можешь оказаться и ты сам.

МАМБЕТ

Тоже неудивительно. Кто-нибудь да должен быть. И этот кто-нибудь — один из нас.

ДОСБЕРГЕН

Никак не могу взять в толк. Ну, какая была необходимость затевать этот разговор, возбуждать подозрение друг к другу, когда ни у кого никаких фактов, ни доказательств? Какая и кому от этого польза?

ИОСИФ ТАТАЕВИЧ

Давайте попробуем прийти к какому-то трезвому пониманию вопроса. Я вчера не случайно сказал: что за великая история без своих ошибок?

МАМБЕТ

Если бы обьектом этой ошибки оказался ты сам, то вряд ли настаивал бы на этой мысли.

ИОСИФ ТАТАЕВИЧ

Я знаю...

МАМБЕТ

(перебивает)

Наша история сама исправила свои ошибки. И в этом ее великая справедливость. Нет никаких объективных причин для того, чтобы Сабур чувствовал себя выброшенным из жизни. Он полностью восстановлен в своих правах. Морально и юридически он такой же гражданин, как мы с тобой.

ИОСИФ ТАТАЕВИЧ

Правильно, и я тоже так считаю. Нет никаких объективных причин.

МАМБЕТ

Но есть субъективные причины. И они не менее важны для человека. Они способны глубоко ранить человеческую душу, вызвать в ней затяжной, а то и необратимый кризис. Мы же ответственны за это; вы что, не понимаете, что мы ответственны! И меня бесит в данном случае наше сытое превосходство: он пьет, видите

196

ли, он сам виноват. Талант его иссяк, он оказался слабосильным. Мы сами погубили Сабура, а теперь его же и презираем.

ИСАБЕК

Или ты великий актер, или ты... действительно несчастный человек.

(Пауза)

Какая бездна мрака в душе твоей, Мамбет. Гордишься тем, что ты скромный школьный учитель, а сам готов замахнуться на весь мир от злобы и зависти к другим. Ты болен. Тебе лечиться надо.

ДОСБЕРГЕН

Еще одно слово хоть кто-нибудь, и я за себя не ручаюсь. В шею буду гнать вас всех отсюда, с этой проклятой горы Фудзиямы. Вы что, решили издеваться надо мной, над моим хлебом-солью, над моей женой? Неделю целую готовилась она встретить вас как порядочная, а вы грызетесь как собаки. Да мне плевать, кто из вас кто. Я простой агроном, но дело свое знаю и я хочу, чтобы все было как у всех. Имейте уважение. А нет — пошли все к чертовой матери с вашими высокими материями.

МАМБЕТ

Я не хотел огорчать тебя, Досберген. Ну, извини меня, извини...

ИСАБЕК

Успокойся, Досберген. Ты прав.

ИОСИФ ТАТАЕВИЧ

Я тоже так считаю.

(Пауза)

ДОСБЕРГЕН

(*смотрит на часы*)

Времени осталось не так уж много. Скоро машины пойдут.

(*Улыбаясь*)

Забудем все это, ребята. Ну вас... Давайте проведем утро по-человечески. Условимся. Никаких споров о Сабуре. Будем развлекать наших жен, и никаких серьезных разговоров, и не давать никакого повода.

ИОСИФ ТАТАЕВИЧ

Вот именно.

ДОСБЕРГЕН

Будем отдыхать, дышать утренним воздухом, любоваться горами вокруг.

ИСАБЕК

Что надо еще человеку в воскресный день?

ДОСБЕРГЕН

Пошли, палатку разберем.

(*Поворот сцены. Группа женщин. Готовят завтрак. Дымит самовар*)

ГУЛЬЖАН

Наши мужчины вчера крепко попали в переплет. Да мы еще прибавили. Туго пришлось бедолагам в присутствии Айша-апы. Поделом, если кто-нибудь из них унизился до предательства, пусть всем им будет стыдно.

АЛМАГУЛЬ

Но этот человек может быть мужем одной из нас...

ГУЛЬЖАН

Ты права, Алма.

АНВАР

Да, конечно, но вон идут наши мужчины. Может быть, не станем портить им отдых. Не будем напоминать им. Тем более скоро уезжаем.

МАМБЕТ

С добрым утром, ханумы, на горе Фудзияма.

ИСАБЕК

Привет вам, самые высокогорные женщины!

АЛМАГУЛЬ

О, как это красиво звучит!

АНВАР

Доброе утро! Как вам спалось? Не замерзли?

ДОСБЕРГЕН

Мы-то — нет. В спальных мешках тепло. А как вы?

ГУЛЬЖАН

А мы в палатке спали. Точно убитые.

ИОСИФ ТАТАЕВИЧ

А как эти самые... комары? Не докучали? Ведь ваше тело...

ГУЛЬЖАН

Нет. На Фудзияме они вели себя пристойно.

МАМБЕТ

Зато мы, Гульжан, хотим сделать вам комплимент.

ГУЛЬЖАН

С помощью комаров? Спасибо!..

МАМБЕТ

Ну, ты невозможная. Сочувствую Исабеку.

(Иосиф Татаевич *настраивает неразлучный тран-зистор*)

ГОЛОС ДИКТОРА

Полет автоматической станции на Венеру позволит человеку проникнуть в неведомые тайны... этой загадочной планеты.

ДОСБЕРГЕН

Выключи. На черта мне этот космос. Мне там ни пахать ни сеять. А кому нужна планета, где хлеб не растет?

ИСАБЕК

Тайны космоса, Досберген, стоят наших усилий!

ДОСБЕРГЕН

А меня спросили, стоят или нет? Я тоже ведь не пустое место. План выполняю-перевыполняю, жизнь на это кладу. Значит уважай мое мнение. Ну, спроси хотя бы! Ты мне дай дождь, когда он нужен, и отведи его в сторону, когда в нем проку нет! А то плачешь от бессилия, когда поле под солнцем горит. Или небо трехэтажным матом кроешь, когда хлеб под дождем на корню гниет.

АЛМАГУЛЬ

Чтобы управлять климатом, надо знать, что делается вокруг Земли. И может, ты сам придешь к тому, что нужны космические исследования.

ИСАБЕК

И вообще, Досберген, психология у тебя потребительская. «Дай мне дождь, дай мне то, дай мне это...» Потому он и герой, наш простой человек, потому он и труженик, что трудится в трудных условиях.

ДОСБЕРГЕН

А я не хочу быть таким героем. Я хочу быть хозяином, творцом своего дела. И не хочу испытывать ни стихийных, ни прочих неодолимых трудностей.

200

ИСАБЕК

Без этого жизнь невозможна.

ДОСБЕРГЕН

Для тебя возможна, а для меня невозможна?

ИСАБЕК

А с нас, писателей, думаешь, спроса нет? Попробуй-ка напиши с такого, как ты, положительного героя, живого, современника в полный рост! Какой же из тебя положительный образ, если ты даже не хочешь быть героем?

МАМБЕТ

А что это, самоцель — быть героем?

ИОСИФ ТАТАЕВИЧ

А для чего человек живет на земле?

АНВАР

Вот именно. Что может быть выше героизма?

ИСАБЕК

Речь идет об искусстве. Это у нас называется — типическая ситуация произведений на современную тему.

МАМБЕТ

Что значит типическая ситуация? Когда заранее известно, что должно быть в произведении, чего не должно? Какое же это искусство?

ИОСИФ ТАТАЕВИЧ

У тебя, Мамбет, всегда все не так, как у людей, на все свои взгляды. Ты думаешь, это оригинально? Нет. В конце концов дисциплина должна быть во всем, и в мыслях тоже. Да, я ортодокс, обзывай меня как хочешь, но я не собьюсь с пути. А твои позиции представляются мне шаткими. Вот ты критикуешь книги Исабека Мергенова. А с какой стати?

АНВАР

(мужу)

Если ты такой знаток, взял бы и написал сам.

ИОСИФ ТАТАЕВИЧ

Дело даже не в этом. Чему должно учить наше искусство? Честности, верности, самоотверженности, твердости, ясности характера, наконец, героизму. Без героизма не могу представить себе облик современного человека, человека моих дней... Вот мы прошли всю войну. Разве мы не можем быть примером для подражания?

МАМБЕТ

Совершенно верно, абсолютно согласен: искусство должно воспитывать в человеке высокие нравственные начала. Но как — вот вопрос. Вечный вопрос художника. Все, что ты перечислил с таким жаром, все это называется одним словом: человечность. Да, именно человечность. Я в этом вижу главную задачу воспитания искусством. А ты почему-то видишь в этом шаткость моих позиций. Между прочим, у одного поэта сказано:

> Всего опасней полузнание:
> Оно с историей на «ты»
> И грубо требует признания
> Своей всецелой правоты.

ИСАБЕК

Знаем, знаем! В прошлом году я был в Гвинее. Мои взгляды на искусство...

ГУЛЬЖАН

Исабек...

ИОСИФ ТАТАЕВИЧ

Когда взглядов слишком много — это чересчур осложняет жизнь.

202

ДОСБЕРГЕН

Я согласен. За примером не надо далеко ходить. Вот хотя бы мы здесь, на Фудзияме. Сижу я и спрашиваю себя: зачем мы взошли на эту чертову гору? Чтобы вспомнить былое и радоваться настоящему? Или бесконечно спорить о том, как надо жить и так ли мы живем? А зачем? И почему мы ведем эти споры? Как будто именно мы обязаны открыть ту истину, которую человек ищет с тех пор как стал человеком.

МАМБЕТ

Но мы же люди. И в этом наша слабость — искать, искать... истину.

АЛМАГУЛЬ

Хорошо, что на Фудзияме мы не просто пили и ели, а «говорили за жизнь». Значит дух исканий и дискуссий еще не покинул нас. Может, мы молоды еще?..

> (Иосиф Татаевич *настраивает транзистор на бравурную, веселую музыку*)

ДОСБЕРГЕН

> (*прислушиваясь*)

Кто-то идет к нам.

> (*Идет по направлению к незнакомцу. Громко*)

Эй ты, куда? Не видел, машины там, внизу, не подошли?

> (*Появляется* Рабочий Лесхоза)

РАБОЧИЙ ЛЕСХОЗА

Одна машина подошла. А вы что тут делаете?

ДОСБЕРГЕН

Как что делаем? Отдыхаем.

РАБОЧИЙ ЛЕСХОЗА

Вы здесь давно? И ночью здесь были?

ИСАБЕК

(*негромко*)

Что за странный тип...

ДОСБЕРГЕН

И ночью мы здесь были. А тебе, собственно, какое дело?

РАБОЧИЙ ЛЕСХОЗА

Раз спрашиваю, значит есть дело.

АНВАР

Смотри какой! Уж не объездчик ли гор? Мужлан типичный!

МАМБЕТ

А что нам, собственно, беспокоиться? Пожара нет, горы на месте...

ИОСИФ ТАТАЕВИЧ

Эй, друг, или позабыты здесь у вас слова салама при встрече с уважаемыми людьми?

РАБОЧИЙ ЛЕСХОЗА

Слова салама не забыты. Но бывают случаи, когда они ни к чему.

ИОСИФ ТАТАЕВИЧ

Что это значит?! Ты знаешь, с кем ты разговариваешь?

РАБОЧИЙ ЛЕСХОЗА

А это так важно?

ДОСБЕРГЕН

Постой, постой, джигит, я здесь хозяин. Ты, джигит, разговаривай со мной. Я главный агроном совхоза, а это мои гости...

РАБОЧИЙ ЛЕСХОЗА

Да знаю я вас. Кто вас не знает здесь, в округе?

ДОСБЕРГЕН

А сам-то ты откуда и почему разговариваешь таким тоном?

РАБОЧИЙ ЛЕСХОЗА

Я сам из лесхоза. Вы думаете, приятно, что ли! Собрался в город на воскресный базар. А тут, внизу, в ущелье, останавливает меня милиционер. Стой, говорит, — мотоцикл в сторону — свидетелем будешь. Вот женщина лежит убитая...

(*Все кричат*: «*Убита!*» «*Бандиты!*»)

Да нет, какие там бандиты! Камнем убило ее. На дороге, прямо под обрывом. В голову попало, вся в крови.

ИСАБЕК

(*бледнея*)

Да... но мы при чем...

(*П а у з а. Все замолкают в страшной догадке*)

ДОСБЕРГЕН

Что ты тут мелешь... Ну-ка, расскажи все толком, когда и как это случилось!

РАБОЧИЙ ЛЕСХОЗА

Охота мне молоть! Все из-за вас!

ИОСИФ ТАТАЕВИЧ

Что значит «из-за вас»?! Вы отдаете отчет своим словам!

ДОСБЕРГЕН

Тише, давайте сначала выясним что к чему. Ты расскажи нам, парень, что ты знаешь. Не темни...

РАБОЧИЙ ЛЕСХОЗА

А что я знаю? Жена старика-чабана Эртая поехала вчера в совхоз. Весь вечер ее дома ждали. А на рассвете лошадь пришла с пустым седлом. Ну, старик поехал на поиски и наткнулся — здесь, прямо под горой, лежит давно холодная. Старик к участковому милиционеру. Как раз дома застал его. Все рассказал, а сам без памяти, его в больницу увезли. А участковый сюда. И тут перехватили меня и еще там одного. Того оставил внизу сторожить место, чтобы не потревожили ничего. Сам помчался в город звонить следователю, а меня послал к вам. Услышали мы ваши голоса, вроде спорили вы тут или ругались...

АНВАР

Я знала, эти споры к добру не приведут!

МАМБЕТ

Да постой ты, дай послушать!

ИСАБЕК

Ну и что?

РАБОЧИЙ ЛЕСХОЗА

Да что — участковый послал меня сюда к вам, чтобы предупредить. Так и сказал: чтобы все оставались на своих местах до прибытия милиции и экспертизы, чтобы никто никуда не отлучался.

(*П а у з а. Долгое молчание*)

ИОСИФ ТАТАЕВИЧ

Но на каком основании? Мы здесь, наверху, на Фудзияме, а убийство совершено там, под горой, вернее какой-то несчастный случай.

РАБОЧИЙ ЛЕСХОЗА

Я не знаю, на какой вы яме, но что сказано передать, то я и говорю.

МАМБЕТ

Ну и хорошо... А почему участковый нас предупреждает? Ведь это же мог быть обвал?

206

РАБОЧИЙ ЛЕСХОЗА

Не похоже на обвал. Мы там вокруг смотрели — следов обвала нет. А на дороге валяются камни, штук десять. Ну вот такие — с кулак величиной, а то и больше. А один камень ей угодил прямо в голову.

МАМБЕТ

А вы можете отсюда указать место, хотя бы примерно, где она лежит?

РАБОЧИЙ ЛЕСХОЗА

По-моему, вон там.

(*Все напряженно остаются на месте. Мамбет и пришедший подходят к обрыву, где вчера ночью сбрасывали камни*)

Вот здесь, как раз здесь будет, если сверху смотреть.

МАМБЕТ

(*негромко*)

Ну, ясно...

ИОСИФ ТАТАЕВИЧ

(*громко*)

Что ясно? Какое ты имеешь право делать выводы за других!

МАМБЕТ

Я никаких выводов не делаю. Я уясняю для себя...

РАБОЧИЙ ЛЕСХОЗА

Я смотрю, люди вы все сознательные, законы знаете... Что зря тратить время?! Давайте, я ваши фамилии перепишу и список сдам участковому, а сам поеду. А вы подождите здесь милицию, тогда и разберетесь что к чему.

(*П а у з а. Все молчат*)

(*Иосифу Татаевичу*)

Вот вы тут больше всех начальник, давайте с вас начнем. Кто вы, откуда, фамилия?

ИОСИФ ТАТАЕВИЧ

Ни на какие вопросы отвечать я не намерен и вообще я ничего не знаю и знать не желаю.

РАБОЧИЙ ЛЕСХОЗА

А разве я что говорю... Просто я спрашиваю вашу фамилию — кто вы?

ИОСИФ ТАТАЕВИЧ

Я вам сказал уже! Вы вон других спрашивайте.

РАБОЧИЙ ЛЕСХОЗА

Ну, как хотите...

ИСАБЕК

Официально вы не имеете никакого права допрашивать. Кто вы такой, чтобы вести опрос?!

РАБОЧИЙ ЛЕСХОЗА

Да я же сказал — я рабочий лесхоза. Проезжал тут мимо. Милиционер участковый послал меня к вам...

ДОСБЕРГЕН

Ладно, хватит... Ты, джигит, спускайся пока вниз. Мы сами за себя ответим, сами скажем соответствующим лицам, кто мы и почему здесь.

РАБОЧИЙ ЛЕСХОЗА

Ну смотрите. Дело хозяйское, но я вас всех запомнил. Всех.

   (*Уходит*)

ДОСБЕРГЕН

Давайте думать как нам быть.

МАМБЕТ

А что думать? Как было, так и расскажем.

208

ИОСИФ ТАТАЕВИЧ

Что значит «расскажем»? Что ты активничаешь больше всех? Да ты понимаешь, что это значит? Ты понимаешь какие последствия, какие неприятности нас ждут!

(*Пауза*)

Будь проклят тот день и час, когда я пошел на эту Фудзияму!

ДОСБЕРГЕН

От этого легче не станет... Давайте думать как быть... Давайте думать, пока милиция не приехала.

ИОСИФ ТАТАЕВИЧ

Я думаю, что мы должны проявить необходимую мудрость. У всех у нас дети, семьи, положение. Кто-то один должен взять на себя ответственность, чтобы выручить других.

ИСАБЕК

Вы что, с ума сошли? Что за намеки? А если детей нет, тогда что?

ГУЛЬЖАН

(*гневно*)

Как вы смеете, вы! Это не ваша беда! Какие же вы гнусные люди!

(*Плачет*)

АЛМАГУЛЬ

(*обнимает и успокаивает ее*)

Да что ты, Гулинька, не слушай их! Да и вообще об этом речи не может быть...

(*Обращаясь к мужу*)

Ну, что ты стоишь, Досберген, так нельзя, ты же хозяин здесь!

ДОСБЕРГЕН

Что я... ну что я — хозяин... ну что я могу...

(*П а у з а*)

Я лишь одно могу... я думаю, никто не будет возражать... Среди нас, когда мы камни кидали, женщин не было.

АНВАР

А что это даст?

ДОСБЕРГЕН

Не знаю...

ГУЛЬЖАН

Какой ужас! Какой ужас!

ИОСИФ ТАТАЕВИЧ

Вот что... Я совершил ошибку, что оказался здесь, на этой Фудзияме. Но я не намерен усугублять это дело. Я не хочу быть замешанным в эту историю и не намерен держать ответ перед каким-то районным милицейским чином. Без согласования с министром я ни на какие вопросы не отвечаю. Единственное, что могу обещать: я срочно поеду в город и попытаюсь сделать все, чтобы облегчить нашу участь.

ИСАБЕК

О черт, идиотизм какой-то... Прямо не знаю, как быть: у меня в два часа дня встреча в аэропорту зарубежной делегации.

АНВАР

Сегодня у меня дежурство, может потребоваться неотложная помощь. Я должна ехать...

ГУЛЬЖАН

(*качая головой, шепчет*)

Какой ужас! Какой ужас! Там, внизу, лежит мертвая женщина, человек погиб по нашей вине. А вы ничего не хотите знать! Ни за что не хотите отвечать! Нет мужества даже покаяться, на колени упасть, прощения просить! Она погибла, погибла, а вы бежите кто куда, как крысы с тонущего корабля. Господи, что за люди! Мелкие, дрянные, трусливые душонки!

ИСАБЕК

Перестань, замолчи! Не время истерику закатывать! Я уезжаю. Как хочешь. Или немедленно собирайся.

ИОСИФ ТАТАЕВИЧ

Тише, не поднимайте паники. Я еще раз повторяю: я еду в город, чтобы предпринять какие-то меры. Пошли, Исабек, машины ждут внизу.

ИСАБЕК

Гульжан, последний раз прошу — быстрее.

ГУЛЬЖАН

Ну что же у меня за судьба такая, за что мне такая судьба?!

(Иосиф Татаевич, Исабек, Анвар, Гульжан *быстро спускаются вниз по склону*)

ДОСБЕРГЕН

Ну все!

(*Идет вслед за ними*)

АЛМАГУЛЬ

Куда ты, Досберген?

ДОСБЕРГЕН

У меня дела, срочные дела.

(*Убегает. П а у з а*)

АЛМАГУЛЬ

Вот мы и остались одни на Фудзияме... Я знала — это не ты предал Сабура.

(*Пауза*)

Какой страшный день сегодня...

МАМБЕТ

Наверно, без таких дней жить было бы немыслимо...

(*Вдали появляется Досберген*)

АЛМАГУЛЬ

Досберген возвращается. Значит и он не тот человек. Боже, не дай мне ошибиться...

З А Н А В Е С